Maryam Naderi Farsani

Percepções dos professores sobre as competências de ensino integrado e segregado

Maryam Naderi Farsani

Percepções dos professores sobre as competências de ensino integrado e segregado

ScienciaScripts

Imprint

Cover image: www.ingimage.com

This book is a translation from the original published under ISBN 978-3-659-89766-5.

Publisher:
Sciencia Scripts
is a trademark of
Dodo Books Indian Ocean Ltd. and OmniScriptum S.R.L publishing group

120 High Road, East Finchley, London, N2 9ED, United Kingdom
Str. Armeneasca 28/1, office 1, Chisinau MD-2012, Republic of Moldova, Europe
Managing Directors: Ieva Konstantinova, Victoria Ursu
info@omniscriptum.com

Printed at: see last page
ISBN: 978-620-8-62100-1

Índice

Resumo

O inglês é a língua que se considera ser utilizada como língua franca em todo o mundo. Um grande número de cursos é introduzido em diferentes países para ajudar os alunos de EFL a adquirir e utilizar diferentes competências nesta língua. O sistema educativo, no Irão, também considerou o inglês como um dos principais cursos a nível escolar e universitário. No entanto, os alunos iranianos de EFL enfrentam desafios permanentes na aquisição desta língua e na aplicação das competências em contextos relacionados. Diferentes variáveis podem estar na origem desses desafios. Os professores, enquanto pessoas diretamente ligadas ao processo de aprendizagem, podem fornecer algumas pistas úteis. O presente estudo foi realizado com o objetivo de investigar a diferença entre o ensino integrado de competências linguísticas e o ensino segregado de competências linguísticas a alunos do oitavo ano e a perceção dos professores. Os professores deviam responder a um questionário que explorava o efeito destas duas abordagens na aprendizagem, na comunicação e na motivação dos alunos iranianos de EFL. Para atingir os objectivos pretendidos, foram escolhidos para participar neste estudo 40 professores do sexo feminino e 20 do sexo masculino. Os dados recolhidos foram analisados com recurso ao software estatístico SPSS. Os resultados revelam que os professores são fortemente a favor da integração das competências linguísticas nas suas aulas. Além disso, acreditam que, se as condições estiverem reunidas, os alunos iranianos de EFL podem aprender melhor a língua, comunicar de uma forma mais fácil e estar mais motivados para aprender inglês.

Palavras chave: Professores, Ensino integrado de competências linguísticas, Ensino segregado de competências linguísticas,

Capítulo 1

1.1 Preliminares

O processo de ensino de línguas requer uma compreensão profunda por parte do professor dos aspetos do ensino e da aprendizagem de línguas. A complexidade e a exigência de um ensino eficaz são realçadas por Richards (2008, p.2), que considera que "o ensino não é simplesmente a aplicação de conhecimentos e de competências aprendidas, mas sim um processo cognitivamente muito mais complexo, afetado pelo contexto da sala de aula, pelos objectivos gerais e específicos do professor, pelas motivações e reacções dos alunos à aula e pela gestão dos momentos iniciais do professor durante a aula". Lindsay e knight (2007) sugerem que, para um professor ser afetivo, tem de compreender as necessidades linguísticas dos alunos e responder-lhes positivamente e conceber aulas que reflictam as necessidades dos alunos, sendo que uma dessas necessidades é ser capaz de comunicar bem na língua, o que é uma competência vital para a procura de emprego.

Aprender uma língua implica o desenvolvimento de todas as competências linguísticas (ler, falar, escrever e ouvir). Mas, como desenvolvê-las é um grande problema para a maioria dos professores de EFL. Existem muitos estudos que sugerem diferentes estratégias para o ensino destas competências, tais como a competência segregada ou a competência integrada. O termo competência segregada dá ênfase a uma competência ou, na melhor das hipóteses, a duas competências de cada vez numa aula de línguas, enquanto a competência integrada é a ligação entre as competências linguísticas principais e subsidiárias. Numa abordagem pedagógica que favorece as competências integradas, as competências estão interligadas, idealmente como estão na vida quotidiana, mas muitos programas de EFL segregam as competências linguísticas para objectivos pedagógicos, muitas vezes dando ênfase apenas a uma competência de cada vez.

Por vezes, os professores e os administradores pensam que é logisticamente mais simples apresentar cursos sobre a escrita separada da fala ou sobre a audição separada da leitura e, por vezes, acreditam que é impossível concentrar-se eficazmente em mais do que uma competência linguística de cada vez.

Em muitos países, o objetivo do ensino do inglês é melhorar a proficiência linguística dos alunos e equipá-los com processos de aprendizagem úteis (Ministério da Educação, 2004).

No contexto do inglês como língua estrangeira, a Tailândia adoptou o ensino comunicativo da língua para facilitar o processo de aprendizagem da língua e melhorar a competência comunicativa nas áreas social e académica da língua (Ministério da Educação, 2004).

Assim, o currículo de inglês foi concebido para se afastar da gramática tradicional - tradução para métodos comunicativos que promovam a interação entre os alunos e entre estes e o professor através de tarefas comunicativas que melhorem os conhecimentos e as competências linguísticas dos alunos (Ministério da Educação, 2004). Durante muitos anos, os professores iranianos utilizaram uma abordagem centrada no professor e não se concentraram no ensino comunicativo das línguas para melhorar a competência comunicativa, a fim de preparar os estudantes iranianos para o futuro local de trabalho. Deste modo, um dos principais problemas encontrados pelos professores, especialmente a nível universitário, foi a falta de conhecimentos linguísticos adequados dos alunos para realizarem as tarefas exigidas no estudo do inglês . Assim, muitos professores universitários têm de rever os conhecimentos básicos, como a gramática e o uso do vocabulário, antes de passarem ao inglês para fins académicos.

Durante muitos anos, os professores de inglês tiveram tendência para ensinar as quatro competências em segmentos separados de um currículo. Por outras palavras, tendiam a utilizar o ensino sequencial das competências linguísticas, mas nos últimos anos há uma maior tendência para a integração das competências. Ou seja, em vez de conceberem um currículo para ensinar os diferentes aspectos de uma competência, por exemplo, a expressão oral, os administradores concebem um curso que aborda as competências de expressão oral e, em seguida, abordam também as competências de compreensão oral, leitura e escrita.

Embora muitos programas de EFL no Irão e noutros países de EFL separem tradicionalmente as competências linguísticas para fins pedagógicos, muitas vezes dão mais ênfase a uma competência do que às outras. Nesta abordagem, o domínio de competências ou subcompetências linguísticas separadas, como a compreensão oral, a fonética, a expressão oral ou a pontuação, é visto como um fator de sucesso na aprendizagem e há uma separação entre a aprendizagem da língua e a aprendizagem de conteúdos (Mohan, 1986; Cantoni Harvey, 1987)

No domínio do ensino de línguas estrangeiras, ainda é controverso se o ensino integrado ou segregado de competências linguísticas é mais benéfico num contexto de EFL.

1.2 Declaração do problema

Nas últimas décadas, foi efectuado um número considerável de estudos sobre a aquisição de uma segunda língua em todo o mundo. Muitos especialistas acreditam que os alunos iranianos de EFL não adquirem o inglês, apesar de o estudarem durante seis anos. Em particular, a maioria deles não tem confiança em fazer-se entender na comunicação oral. Por outras palavras, conseguem compreender o inglês na forma escrita. Este resultado pode ser derivado do método Gramática - Tradução aplicado no contexto da aquisição da língua inglesa no Irão. Neste sentido, um dos principais problemas com que os professores se deparam, especialmente a nível universitário, é a falta de conhecimentos linguísticos adequados dos alunos para realizarem as tarefas exigidas no estudo do inglês. Por isso, muitos professores universitários têm de rever os seus conhecimentos básicos antes de precederem os seus resultados.

O problema que se coloca é o de saber até que ponto os professores de inglês pensam que o ensino integrativo ou segregado das competências linguísticas pode melhorar as necessidades dos alunos em inglês. O mais urgente é não comentar as competências em inglês dos iranianos. Muitos iranianos conseguem compreender inglês, mas não se habituam a comunicar com outras pessoas em inglês. Uma vez que a gramática não pode ser ignorada, os professores têm de pensar num método de ensino que tenha em conta tanto as competências gramaticais como a competência comunicativa.

O ensino segregado das línguas, ou seja, o ensino isolado das competências linguísticas, bem como o ensino isolado de toda a língua em relação a outras disciplinas escolares, é provavelmente o problema mais grave com que se depara o nosso sistema de ensino no Irão, que ensina o EFL como uma disciplina separada, tal como verificado em alguns estudos (Baleghizadeh, 2010). Embora o ensino de competências segregadas, ou seja, o ensino das quatro principais competências linguísticas separadas do conteúdo e umas das outras, possa ser eficaz para o ensino de competências isoladas, estas não são frequentemente transferidas para o ambiente de aprendizagem mais alargado. As abordagens integradas, que associam a aquisição de competências linguísticas à aquisição de outras competências relevantes, são mais eficazes para ensinar competências abrangentes que podem ser transferidas para muitas situações (O' Day, 2002; King, 1996; Oxford, 2001)

Na realidade, deve considerar-se a possibilidade de dar aos alunos a oportunidade de utilizarem o máximo de inglês possível em contexto real, especialmente no caso dos estudantes iranianos que têm poucas oportunidades de estar expostos a falantes nativos de inglês. Deste modo, os professores de línguas no Irão devem utilizar um método adequado que incentive os alunos a utilizar a língua em contextos reais, em vez de se concentrarem apenas na precisão, como no ensino tradicional.

É importante que os professores escolham uma forma adequada de ensinar as competências linguísticas. Devem estabelecer um método que não se centre apenas nas formas linguísticas, mas também na função da língua. Assim, os professores, especialmente os do nível elementar, devem saber se o ensino integrado ou segregado das competências linguísticas é mais benéfico para os jovens aprendentes.

Além disso, muitos professores de inglês iranianos ainda ensinam inglês utilizando o método de tradução gramatical, especialmente nos níveis elementares em que os alunos não são capazes de compreender bem a comunicação em inglês. Para além disso, os professores podem ensinar inglês ao longo de um processo regular, independentemente dos seus conhecimentos práticos de inglês. Além disso, os professores podem ensinar a turmas grandes. Assim, as aulas de inglês no Irão têm, na sua maioria, mais de vinte e cinco alunos, pelo que os professores não podem concentrar-se em cada indivíduo ao mesmo tempo. Pelas razões acima mencionadas, a GTM continua a ser popular no Irão.

Uma vez que a GTM dá mais ênfase à leitura do que às outras competências, houve uma reação a ela no século XIX. E houve uma maior ênfase no ensino da língua falada.

Em geral, no Irão, mede-se a competência gramatical em termos de leitura e de escrita. Os administradores iranianos decidiram alterar o sistema educativo no Irão e introduziram o 7º ano. A principal mudança foi o facto de os professores de inglês iranianos terem mudado a sua ênfase principal para o desenvolvimento da competência comunicativa dos professores. Por outras palavras, o sistema educativo da escola exige que os professores desenvolvam a competência comunicativa mais do que anteriormente. Além disso, a tónica da abordagem de ensino integrado é colocada na competência comunicativa, ou seja, a tónica da abordagem integrada é colocada no ensino simultâneo das quatro competências.

1.3 Objetivo do estudo

O principal objetivo deste estudo é investigar os problemas dos alunos de inglês na aquisição das quatro competências linguísticas de acordo com duas perspectivas no ensino do inglês como língua estrangeira. Na esperança de lançar alguma luz sobre o tema da perceção dos professores relativamente ao ensino integrado de competências linguísticas e ao ensino segregado de competências linguísticas a alunos do sétimo ano no Irão, este estudo investigará em que medida estas duas formas diferentes de ensino afectam a proficiência de aprendizagem do inglês dos alunos.
A escolha de cada uma destas abordagens, integradas ou segregadas, e a implementação de um curso com base nelas estão nas mãos dos professores. Assim, o objetivo deste estudo é recolher a experiência dos professores na seleção de uma abordagem adequada para o ensino de competências linguísticas a alunos do oitavo ano (o primeiro grupo que aprende inglês) que melhor satisfaça as necessidades dos alunos.

Além disso, o objetivo de um currículo abrangente não é alcançar a competência apenas na gramática. Pelo contrário, um currículo abrangente deve integrar todos os aspectos de uma determinada língua, ou seja, ouvir, falar, ler e escrever, bem como as funções de comunicação da língua. O objetivo deste estudo é descobrir até que ponto estes objectivos são atingíveis nos manuais escolares de inglês do sétimo ano com base nos pontos de vista dos professores de inglês.

1.4 Questões de investigação

Tendo em conta os problemas acima referidos e os objectivos sugeridos, as questões de investigação que se seguem são as seguintes
Q1. Em que medida os alunos do oitavo ano conseguem cumprir os requisitos de inglês com base no ensino integrado ou segregado das competências linguísticas?

Q2. Que abordagens de ensino das competências linguísticas podem satisfazer as necessidades comunicativas dos alunos do oitavo ano?

Q3. A abordagem integrada ou segregada mantém elevada a motivação dos alunos ingleses do oitavo ano?

1.5 Hipótese de investigação

Este estudo procurou investigar as seguintes hipóteses:

H1. Os alunos do oitavo ano não conseguem cumprir os requisitos de inglês com base em competências linguísticas de ensino integrativas ou segregadas.

H2. Nem o ensino integrado nem o ensino segregado de competências linguísticas conseguem manter elevada a motivação dos alunos ingleses do oitavo ano.

H3. Nenhuma das abordagens de ensino das competências linguísticas pode satisfazer as necessidades comunicativas dos alunos do oitavo ano.

1.6 Importância do estudo

Este estudo examina as percepções dos professores sobre o ensino de competências em inglês a alunos do oitavo ano de acordo com as suas necessidades. Assim, os professores fornecer-nos-ão resultados úteis sobre as técnicas que aplicam de acordo com a sua experiência nas salas de aula de línguas.

Os resultados deste estudo fornecerão um quadro para o ensino e a aprendizagem eficazes do inglês nas escolas secundárias de EFL. Além disso, espera-se que este estudo seja importante para ajudar os educadores, planeadores, administradores e professores de EFL a fornecer uma abordagem prática para ensinar competências de inglês nas fases iniciais dos estudos de inglês.

Este estudo também pode ajudar os professores a rever as abordagens que praticaram e a considerar a eficiência dessas abordagens em relação às verdadeiras necessidades dos alunos. Espera-se que sirva de base a outros professores noutros locais e que os ajude a estabelecer técnicas mais eficazes no ensino das línguas.

1.7 Descrição do estudo

Esta tese está organizada da seguinte forma: O primeiro capítulo é a introdução e apresenta o domínio da aquisição de línguas segregadas e integradas. No capítulo dois, são abordadas três perspectivas do ensino das línguas e as teorias relevantes da aquisição de L2. O capítulo três apresenta a metodologia deste estudo, fornecendo informações sobre a conceção dos testes, os sujeitos em estudo, o cenário do estudo, os procedimentos de recolha de dados e a análise dos dados. O capítulo quatro apresenta os resultados da análise dos dados através de gráficos e tabelas. Finalmente, o capítulo cinco desta tese trata da discussão dos resultados obtidos a partir da análise dos dados, bem como das observações finais deste estudo. Apresenta também as implicações e as dificuldades do presente estudo.

Capítulo 2

2.1 Introdução

Com a nossa história de tratar as quatro competências separadamente num currículo, há mais tendências para a integração de competências, ou seja, em vez de conceber um currículo para ensinar os muitos aspectos de uma competência, como a audição, os criadores de currículos estão a adotar mais uma abordagem da língua como um todo, em que a audição é tratada como uma de duas ou mais competências inter-relacionadas. No entanto, muitos programas de EFL tradicionalmente segregam as competências linguísticas de cada vez. Esta situação contradiz a forma integrada como as pessoas utilizam as competências linguísticas em circunstâncias normais.

A este respeito, coloca-se a questão de saber se a abordagem das competências integradas ou a abordagem das competências separadas é mais vantajosa para os alunos do sétimo ano. No nosso estudo, consideramos os seguintes elementos:

1. Abordagem integrada no ensino das línguas
2. Abordagem segregada no ensino das línguas
3. Os elementos da língua: forma, significado e função
4. Abordagens do ensino de línguas estrangeiras: Foco nas formas, Foco na forma, Foco no significado
5. As teorias e os métodos de ensino das línguas
6. As crenças do professor e a sua relação com as acções na sala de aula
7. Estudos conexos sobre abordagens segregadas e integradas do ensino das línguas

Na secção seguinte, são descritas as abordagens integradas no ensino de línguas estrangeiras.

2.2 Abordagem integrada no ensino de línguas estrangeiras / segundas línguas

A abordagem integrada tem por objetivo proporcionar um ambiente linguístico autêntico para que os alunos desenvolvam as suas capacidades de ouvir, falar, ler e escrever num contexto significativo. Numa sala de aula de línguas, os professores podem criar um ambiente autêntico para a interação social entre os alunos (Lightbown & Spada, 1993; Long & Porter, 1985).

Widdowson (1978, p.144) foi um dos primeiros linguistas a defender a integração das quatro competências linguísticas no ensino para aumentar os níveis de proficiência dos alunos e permitir uma aprendizagem avançada da língua. Na sua proposta de ensino integrado e comunicativo das línguas em geral e, em particular, do inglês para fins específicos, Widdowson sublinhou que praticamente todos os usos da língua têm lugar sob a forma de discurso e em contextos sociais específicos. Embora tenha notado que o ensino separado das competências linguísticas era provavelmente mais conveniente do ponto de vista administrativo, a compreensão e a produção linguísticas não ocorrem, de facto, em unidades discretas. Assim, para atingir a proficiência, os alunos precisam de desenvolver competências receptivas e produtivas tanto no discurso oral como no escrito.

Os temas e as actividades de aprendizagem devem ser relevantes e interessantes para os aprendentes. A aprendizagem de regras gramaticais é integrada em actividades comunicativas. Contrariamente ao pressuposto behaviorista de que o aluno é uma tábua rasa, a abordagem integrada constrói novas aprendizagens com base nos conhecimentos prévios dos alunos. Trata os alunos como pensadores individuais, capazes de realizar tarefas desafiantes. Esta abordagem centra-se na aprendizagem como um processo em que os alunos terão amplas oportunidades para compreender e praticar os conceitos que lhes são apresentados. Os professores proporcionam um ambiente de baixa ansiedade que permite aos alunos correr riscos. Além disso, as correcções são feitas através da modelação dos professores ou dos colegas (Krashen & Terrell, 1983; Pica, 1994)

De acordo com Krashen (1985), ao contrário do ensino tradicional, que se centra no estudo de uma única regra gramatical de cada vez, a abordagem integradora introduz as regras gramaticais através de uma aprendizagem significativa em que os alunos comunicam sobre o tema em questão. Esta tarefa linguística expõe os alunos a uma variedade de funções linguísticas, tais como o discurso persuasivo, a estrutura frásica de causa e efeito, o pretérito perfeito para indicar provas de investigação sobre o tabagismo e o futuro perfeito para discutir os efeitos nocivos. O objetivo é que os alunos se familiarizem primeiro com os tópicos da sua aprendizagem atual, sejam expostos a modelos de utilização adequada da língua, façam sentido e produzam linguagem relevante para o contexto e, finalmente, aprendam as regras da língua com base no que produziram.

Segundo Honeyfield (1987, pp.318-319), a integração das competências refere-se geralmente à ligação de duas ou mais das quatro competências tradicionais da aprendizagem das línguas: ler, escrever, ouvir e falar. Outros, como Richards, Platt e Weber (1985, p.144), definem o ensino das competências integradas no Longman *Dictionary of Applied Linguistics* como "o ensino das competências linguísticas de ler, escrever, ouvir e falar em conjunto, como quando uma aula envolve actividades que relacionam a audição e a fala com a leitura e a escrita". "

Na opinião de Carrol (1985, p.83), a integração de competências na sala de aula de línguas pode ser definida muito simplesmente como "uma série de actividades ou tarefas que utilizam qualquer combinação das quatro competências, ouvir, falar, ler e escrever, numa sequência contínua e relacionada". A autora salienta que existem certas vantagens em proporcionar aos alunos competências integradas. A integração de competências permite:

" Continuidade no programa de ensino-aprendizagem, as tarefas estão estreitamente relacionadas umas com as outras, ajuda a garantir que há entrada antes da saída, a entrada garante a base, é realista, permite o desenvolvimento de quatro competências num quadro comunicativo realista, dá aos alunos oportunidades de reconhecerem a língua que estão a aprender em diferentes contextos e modos: proporcionam variedade e podem ser valiosas para a motivação; permite a reciclagem e a revisão da língua que já foi ensinada e, por conseguinte, o ensino corretivo; e pode dar confiança ao aluno mais fraco ou menos confiante" (Carrol ,1985 ,pp.84-85)

Lake (1994) sugeriu oito modelos de integração (conectada, aninhada, sequenciada, partilhada, webbed, threaded, integrada e imersa). Estes modelos apresentam uma gama de níveis de integração de diferentes disciplinas, desde a abordagem integrada ligada que liga a informação de diferentes disciplinas com base num tema, até aos níveis de integração imersos em que as fronteiras entre as várias disciplinas se baseiam num tema, até aos níveis de integração imersos em que as fronteiras entre as várias disciplinas são obscuras e o aluno aprende através da imersão numa área de estudo específica, por exemplo, ciências, matemática ou línguas.

Hinklel (2006) afirmou que, nas perspectivas comuns dos currículos linguísticos contemporâneos, o ensino da leitura está normalmente ligado ao ensino da escrita e do vocabulário, o ensino da escrita pode ser facilmente associado à leitura e à gramática e as competências de expressão oral prestam-se facilmente ao ensino da audição, da pronúncia e da pragmática intercultural. Hinkel observou ainda que "numa era de globalização, os objectivos pragmáticos da aprendizagem das línguas valorizam cada vez mais os modelos integrados e dinâmicos de ensino de competências múltiplas, centrados na comunicação significativa e no desenvolvimento da competência comunicativa dos alunos" (p.113).

De acordo com Richards e Rodgers (2001, p.165), "o ensino integrado das línguas que envolve os alunos numa comunicação significativa e lhes permite atingir os seus objectivos de aprendizagem pode ser encontrado num leque ilimitado de modelos, materiais e técnicas de ensino".

Alguns exemplos de tais modelos integrados com um enfoque comunicativo e contextualizado são: baseados em conteúdos (por vezes também chamados baseados em temas), baseados em tarefas, baseados em textos (também chamados baseados em géneros), baseados em discursos, baseados em projectos, baseados em redes, baseados em tecnologias, baseados em corpus, baseados em competências ou baseados em normas.

Ahuja e Jahangiri (2003) estudam a utilização de uma abordagem integrada no ensino e na aprendizagem da matemática universitária. Para o efeito, afirmam que uma abordagem integrada oferece uma abordagem diferente da abordagem tradicional de giz - conversa - trabalho de casa - exame. Afirmam que, na abordagem integrada, o principal objetivo é: 1. Compreensão concetual em vez de apenas cálculos
2. Compreensão relacional e não apenas instrumental
3. Explorar padrões e relações em vez de se limitar a memorizar fórmulas
4. Variedade de estratégias pedagógicas, em vez de se limitarem a falar e a giz
5. Variedade de avaliações não tradicionais em vez de apenas testes/exames tradicionais 6.

Aprendizagem efectiva e significativa em vez de apenas aprendizagem para testes/exames

7. Escutar (ouvir, interpretar) o pensamento dos alunos, em vez de se limitar a dizer (falar, explicar)
8. Aprendizagem cooperativa e não apenas individualista
9. Dar sentido à matemática utilizando aplicações da vida real em vez de se limitar a explicar conceitos abstractos
10. Ajudar os alunos a desenvolver uma apreciação do poder da matemática em vez de uma visão negativa da matemática (pp. 13-14)

A abordagem do ensino integrado das línguas é considerada uma estratégia eficaz para a aprendizagem global das línguas, promovendo a sua utilização significativa em contextos da vida real para fins comunicativos (King ,1996 ;oxford & Leaver ,1996 ; Oxford ,2001 ; Tsung - Yuan & Oxford ,2002 ; Aldhmani ,2007) . O preceito subjacente é o de que a língua é o meio de pensamento, sentimento e comunicação que permite desenvolver a auto-consciência, interagir com os outros e aprender de forma interdiscriplinar. Neste sentido, Oxford (2001) observa que: "A abordagem integrada de competências, em contraste com a abordagem puramente segregada, expõe a língua inglesa. Os aprendentes adquirem rapidamente uma imagem real da riqueza e da complexidade da língua inglesa enquanto utilizada para a comunicação. Além disso, esta abordagem sublinha que o inglês não é apenas um objeto de interesse académico nem apenas uma chave para passar num exame: em vez disso, o inglês torna-se um verdadeiro meio de interação e partilha entre as pessoas" (p.5).

De acordo com Sehlaoui (2001), "todas as competências linguísticas estão inter-relacionadas. Dado que a abordagem de integração implica a utilização de uma abordagem baseada em tarefas ou de uma abordagem baseada em conteúdos, ou uma amálgama híbrida de ambas as abordagens, a leitura surge como uma importante técnica de integração que utiliza a língua e os conteúdos para desenvolver tanto as competências linguísticas como a área disciplinar" (como citado em Aljiffri, 2010, p.16). A investigação promove a utilização da escrita e da leitura por integração como um método não só para integrar a leitura e a escrita, mas também para promover o desenvolvimento da leitura e da escrita juntamente com a audição e a fala, bem como do pensamento, a quinta competência (Aljiffri , 2010).

2.2.1 Dois modos de integração de competências

Seguem-se os dois modos de integração das competências, que são descritos em pormenor.

2.2.1.1 Instrução baseada em conteúdos (CBI)

Um dos modos mais importantes de integração de competências é o ensino baseado em conteúdos, no qual os alunos praticam todas as competências linguísticas de uma forma altamente integrada, enquanto participam em actividades ou tarefas que se centram em conteúdos importantes em áreas como as ciências, a matemática e os estudos sociais (Brinton, Snow e Wesche, 1989).

Mohan (1986), no seu trabalho sobre a aprendizagem de línguas baseada em conteúdos, argumentou que "qualquer abordagem educativa que considere apenas a aprendizagem da língua e ignore a aprendizagem da matéria é inadequada às necessidades destes aprendentes. O que é necessário é uma abordagem integradora que relacione a aprendizagem de línguas e a aprendizagem de conteúdos, que considere a língua como um meio de aprendizagem e que reconheça o papel do contexto na comunicação" (p.1).

No ensino de línguas baseado em conteúdos, o principal objetivo dos professores de línguas é ajudar os alunos a desenvolver a competência comunicativa. O objetivo principal exige a utilização de uma linguagem comunicativa normal, da vida real, o que, por sua vez, pressupõe a integração das quatro competências linguísticas principais e das competências linguísticas subsidiárias. Os objectivos secundários dos professores são introduzir conceitos e terminologia relevantes para uma determinada área temática, reforçar a informação da área de conteúdo aprendida noutro local e ensinar estratégias de aprendizagem específicas para a escrita, a leitura ou o estudo geral através de conteúdos interessantes (Mohan,1986)

De acordo com Oxford (2001, p.2), "no ensino baseado em conteúdos, os alunos praticam todas as competências linguísticas de uma forma altamente integrada e comunicativa enquanto aprendem conteúdos como as ciências, a matemática e os estudos sociais.

A Abordagem Cognitiva de Aprendizagem Académica de Línguas (CALLA), criada por Chamot e O'Malley (1994), mostra como as estratégias de aprendizagem de línguas podem ser integradas na aprendizagem simultânea de conteúdos e de línguas. Existem pelo menos três modelos gerais de ensino de línguas baseado em conteúdos: temático, adjunto e protegido (Scarcella & Oxford, 1992).

Crooke e Schmidt (1989) afirmaram que a forma mais comum de ensino baseado em conteúdos, que é o ensino baseado em temas, é uma abordagem em que as competências linguísticas são totalmente integradas no estudo de um tema, por exemplo, clima, família, ecologia, o tema deve ser de grande interesse para os alunos e deve permitir a prática de uma grande variedade de formas e funções linguísticas. O ensino baseado em temas funciona de forma eficaz: os temas são escolhidos pela sua relevância, importância e interesse para os alunos. Estes factores são fundamentais para a motivação dos alunos.

De acordo com Scarcella e Oxford (1992), o modelo temático integra as competências linguísticas no estudo de um tema (por exemplo, violência urbana, diferenças interculturais nas práticas matrimoniais, maravilhas naturais do mundo ou um tópico alargado como a mudança). O tema deve ser muito interessante para os alunos e deve permitir a prática de uma grande variedade de competências linguísticas, sempre ao serviço da comunicação sobre o tema. Esta é a forma mais útil e generalizada de ensino baseado em conteúdos atualmente e encontra-se em muitos manuais inovadores de ESL e EFL. No modelo adjunto, as disciplinas de língua e de conteúdo são leccionadas separadamente, mas são cuidadosamente coordenadas. No modelo protegido, a matéria é ensinada em inglês simplificado, adaptado ao nível de proficiência em inglês dos alunos.

Outra classificação da integração de competências é a instrução baseada em tarefas, que é descrita na secção seguinte.

2.2.1.2 Instrução baseada em tarefas (TBI)

Outra forma de integração de competências é designada por instrução baseada em tarefas. Este tipo de ensino requer a compreensão, a produção e a manipulação de uma língua autêntica, enquanto a atenção é principalmente orientada para o significado e não para a forma (Nunan, 1989)
Nunan (1992b, p.279) caracteriza o ensino baseado em tarefas como uma abordagem que realça a aprendizagem da comunicação através da interação na língua-alvo, introduzindo textos autênticos em situações de aprendizagem, reforçando as experiências pessoais do aprendente e ligando a aprendizagem da língua na sala de aula com a ativação da língua fora da sala de aula. Embora os objectivos do curso sejam de natureza linguística, centram-se na competência linguística pragmática dos alunos.

No ensino baseado em tarefas, o trabalho de base e o trabalho de grupo são frequentemente utilizados: por exemplo, os alunos trabalham em conjunto para escrever e editar um jornal da turma, desenvolver um anúncio de televisão, realizar entrevistas de emprego simuladas, dramatizar questões ambientais, etc. (Oxford, 2001)

Formatos de aprendizagem mais cooperativos, tais como "Numbered Heads Together", "Think - pair - share", "STAD" e "Jigsaw" (Johnson & Holubec, 1986; Stavin, 1990) são frequentemente utilizados no ensino baseado em tarefas, cuja descrição não se insere no âmbito deste estudo.

Embora haja uma divergência de pontos de vista entre os defensores do ensino de línguas baseado em tarefas em relação às caraterísticas a seguir enumeradas:

* A aprendizagem instruída de línguas deve conter principalmente o uso naturalista da língua e as actividades estão mais relacionadas com o significado do que com a língua

* A aprendizagem totalmente naturalista ignora a língua-alvo, pelo que os elementos linguísticos formais devem ser inseridos no ensino, mantendo os benefícios de uma abordagem natural. A melhor forma de o conseguir é oferecer oportunidades de concentração na forma, o que atrairá a atenção dos alunos para as componentes linguísticas que surgem incidentalmente em aulas cujo foco principal é o significado ou a comunicação. As tarefas comunicativas são dispositivos especialmente adequados para esta abordagem.

* Um estudo linguístico mais formal antes ou depois da tarefa pode ser benéfico. Isto pode contribuir para a interiorização, conduzindo ou maximizando a familiaridade com as

caraterísticas formais durante a comunicação.

* As abordagens tradicionais são improdutivas e inadequadas, sobretudo quando requerem uma instrução formal passiva e uma prática isolada do trabalho comunicativo (citado por Hismanoglu& Hismanoglu, 2011, pp. 48 - 49).

No entanto, vale a pena fazer duas advertências relativamente ao termo tarefa. De acordo com Brown (2000, p.83), "uma tarefa é qualquer esforço estruturado de aprendizagem de línguas que tem um objetivo particular, um conteúdo apropriado, um procedimento de trabalho especificado e uma série de resultados para os alunos que realizam a tarefa". Consequentemente, uma tarefa não é uma forma especial de técnica de ensino, porque várias técnicas podem constituir uma tarefa. Por exemplo, uma tarefa de resolução de problemas pode incluir uma explicação gramatical, seguida de perguntas iniciadas pelo professor e, depois, um procedimento específico de tomada de vez. De um modo geral, a tarefa é maior nos seus objectivos do que as técnicas.

Uma segunda advertência que vale a pena mencionar, segundo Brown, é o facto de não ser um método. Coloca as tarefas no centro do seu foco metodológico, e o processo de aprendizagem é um conjunto de tarefas comunicativas que estão ligadas aos objectivos curriculares que servem. Tal como o ensino baseado em conteúdos, o objetivo do ensino baseado em tarefas vai para além da prática da língua por si só.

Como Brown (2000) afirmou, a tarefa pedagógica deve especificar o que os alunos farão com o input, os papéis do professor e do aluno, e a avaliação das formas como um componente essencial que determinará o seu sucesso para realizar a tarefa novamente com outro grupo de alunos.

Prosseguiu, referindo que os professores de EFL podem organizar a sua sala de aula em torno de tarefas práticas nas quais os alunos de línguas se envolvem, quer dentro da sala de aula, quer no mundo real. Por exemplo, uma tarefa pedagógica concebida para ensinar os alunos de EFL a dar informações pessoais numa entrevista de emprego, analisando a gramática e o discurso da entrevista de emprego, modelando uma entrevista (alunos em pares) e compreendendo as regras de etiqueta interculturais numa entrevista de emprego. Assim, esta tarefa de entrevista de emprego serve para ilustrar como os princípios da audição, da fala, da leitura, da escrita e da cultura se tornam subsumíveis numa rubrica sobre o que os alunos devem fazer com a língua, o que permite aos formadores deixarem de pensar exclusivamente em termos das quatro competências linguísticas tradicionais (Brown, 2000).

De acordo com Ellis (2009), a TBLT oferece alguns benefícios tanto para os alunos como para os professores. Ellis enumera algumas das vantagens: "proporciona a oportunidade de uma aprendizagem "natural" no contexto da sala de aula; dá ênfase ao significado em detrimento da forma; no entanto, também pode dar ênfase à forma de aprendizagem; oferece aos alunos um input fértil da língua-alvo; é intrinsecamente motivador; é consistente com uma filosofia educativa centrada no aluno, mas também permite o contributo e a orientação do professor; contribui para a melhoria da fluência comunicativa, sem descurar a exatidão; pode ser utilizado juntamente com uma abordagem mais tradicional" (p.242).

Embora a abordagem baseada em tarefas apresente muitos benefícios para ajudar a aprendizagem de línguas estrangeiras, não está isenta de alguns obstáculos e desafios. De acordo com Hatip (2005), as desvantagens da aprendizagem baseada em tarefas não se baseiam tanto no potencial de poder deste tipo de conteúdo instrucional, mas nos problemas de condução da instrução. Ele mencionou que a TBLI envolve um elevado nível de criatividade e dinamismo por parte do professor. Se os professores estivessem limitados a papéis mais tradicionais ou não dispusessem de recursos de tempo para ministrar o TBLI, este tipo de ensino seria impraticável. Além disso, observou que o TBLI necessitava de recursos para além dos manuais escolares e materiais afins geralmente disponíveis nas salas de aula de línguas estrangeiras. Quanto ao papel dos alunos neste domínio, argumentou que os alunos podem, no início, recusar ou opor-se à aprendizagem de línguas baseada em tarefas, na medida em que este tipo de ensino não é o que muitos alunos esperam e desejam de uma aula de línguas. Prosseguiu e declarou que alguns alunos utilizavam a língua materna quando havia dificuldade ou quando o grupo se sentia intolerante.

Em suma, a CBI e a TBI são apenas dois expoentes das abordagens de competências integradas. As suas vantagens são várias, tanto para os alunos como para os professores. Para além de todas estas descrições, alguns académicos descreveram algumas vantagens e desvantagens da utilização de abordagens integradas no contexto do ensino de línguas estrangeiras ou segundas línguas, que se resumem a seguir.

2.2.2 Vantagens da abordagem integrada no ensino de línguas estrangeiras / segundas línguas

De acordo com Mohan (1986) e Oxford (2001), a abordagem integrada de competências, em contraste com a abordagem puramente segregada, expõe os aprendentes de inglês a uma linguagem autêntica e desafia-os a interagir naturalmente na língua. Os aprendentes adquirem rapidamente uma imagem real da riqueza e da complexidade da língua inglesa utilizada na comunicação.

Além disso, Nunan (1989) afirma que esta abordagem sublinha que o inglês não é apenas um objeto de interesse académico ou uma mera chave para passar num exame; em vez disso, o inglês torna-se um verdadeiro meio de interação e partilha entre as pessoas. Esta abordagem permite que os professores acompanhem os progressos dos alunos em várias competências ao mesmo tempo.

Além disso, Oxford (2001) afirma que "a integração das competências linguísticas também promove a aprendizagem de conteúdos reais e não apenas a dissecação de formas linguísticas. E a abordagem integrada de competências, quer se encontre no ensino de línguas baseado em conteúdos ou numa forma híbrida, pode ser altamente motivadora para estudantes de todas as idades e origens" (p.2).

Uma vez que vários académicos apresentaram vários benefícios para a utilização de abordagens integradas no contexto do ensino de línguas estrangeiras ou segundas, é da maior importância saber como integrar diferentes competências linguísticas. Como foi mencionado por Oxford (2001, p.2), existem vários passos para integrar as competências linguísticas, tais como:

* Aprender mais sobre as várias formas de integrar as competências linguísticas na sala de aula (por exemplo, com base em conteúdos, com base em tarefas, ou uma combinação)

* Refletir sobre a sua abordagem atual e avaliar em que medida as competências estão integradas.

* Escolher materiais didácticos, manuais escolares e tecnologias que promovam a integração da audição, leitura, expressão oral e escrita, bem como as competências associadas de sintaxe, vocabulário, etc.

* Mesmo que um determinado curso seja classificado de acordo com apenas uma competência, lembre-se de que é possível integrar as outras competências linguísticas através de tarefas adequadas.

* Ensinar estratégias de aprendizagem de línguas e sublinhar que uma determinada estratégia pode muitas vezes melhorar o desempenho em várias competências".

É de notar, no entanto, que o ensino de competências linguísticas integradas também pode ter uma série de desvantagens (por exemplo, McDonough & Shaw, 2003; Widdowson, 1979).

2.2.3 Desvantagens da abordagem integrada no ensino de línguas estrangeiras / segundas línguas

De acordo com Richards e Rodgers (2001), um currículo que se concentre numa única competência linguística de cada vez pode permitir um ensino mais direcionado e uma aprendizagem mais intensiva. Além disso, em várias regiões e culturas onde o ensino de competências linguísticas distintas é altamente valorizado, tanto os professores como os alunos são conhecidos por resistir à integração de competências.) Nesses contextos, o ensino integrado pode não ser adequado às tradições locais sobre a forma como o ensino e a aprendizagem devem ser conduzidos.

Para além disso, interessava-lhes que o ensino integrado complexo, com mais de duas competências linguísticas abordadas em simultâneo, colocasse exigências tanto ao professor como ao aluno. Na maioria dos casos, os professores precisam de estar, pelo menos, um pouco familiarizados com os modelos de ensino baseados no discurso, tais como os referidos anteriormente. Nessa altura, é de esperar que os professores dediquem mais tempo e esforço à preparação de materiais adequados ao ensino integrado. Em muitas regiões do mundo, onde os professores são obrigados a dar aulas a turmas muito grandes, o ensino de competências integradas não é uma opção muito prática.

Uma outra desvantagem notável do ensino integrado é o facto de muitos (se não a maioria) dos aprendentes terem competências desenvolvidas de forma desigual nas quatro macrocompetências (Hinkel, 2003; Stren, 1992). Por exemplo, um aprendente de uma segunda língua que viva em países de língua inglesa pode ter competências mais fortes em ouvir e falar do que em ler e escrever; por outro lado, os aprendentes de inglês como língua estrangeira são provavelmente melhores leitores e escritores do que ouvintes e falantes. Por esta razão, o ensino de competências integradas pode tornar-se complicado, quando os materiais didácticos e a prática têm de ter em conta uma variação considerável nas capacidades dos alunos.

Tal como foi mencionado por Richards (2002) no ensino integrado complexo, os currículos integrados concentram-se principalmente na comunicação com objectivos e na criação de significados, o que normalmente faz com que o ensino da gramática e do vocabulário, bem como a precisão na produção linguística do aluno, recebam menos ênfase do que deveriam.

Alguns peritos e autoridades metodológicas defendem também que o ensino integrado das línguas, ao centrar-se principalmente no processo de aprendizagem, tende a ignorar a qualidade do produto da aprendizagem (por exemplo, Swan, 2005; Widdowson, 2003)

Existe ainda uma outra abordagem no domínio do ensino de línguas estrangeiras ou segundas línguas, designada por abordagem segregada, que é descrita na secção seguinte.

2.3 Abordagem segregada no ensino de línguas estrangeiras / segundas línguas

Na abordagem segregada de competências, o domínio de competências linguísticas distintas, como a leitura e a expressão oral, é visto como a chave para uma aprendizagem bem sucedida, e a aprendizagem de línguas é normalmente separada da aprendizagem de conteúdos (Mohan, 1986). Esta abordagem é contrária à forma integrada como as pessoas utilizam as competências linguísticas na comunicação normal e colide com a direção que os especialistas em ensino de línguas têm vindo a seguir nos últimos anos (Oxford, 2001).
Oxford (2001) afirmou que "a segregação de competências reflecte-se nos programas tradicionais de ESL / EFL que oferecem aulas centradas em competências linguísticas segregadas" (p.1). Além disso, a autora afirma que, mesmo que fosse possível desenvolver plenamente uma ou duas competências na ausência de todas as outras, essa abordagem não garantiria o sucesso posterior na comunicação académica, na utilização da língua relacionada com a carreira ou na interação quotidiana na língua.

Um exemplo extremo é o método gramática - tradução, que ensina os alunos a analisar a gramática e a traduzir (geralmente por escrito) de uma língua para outra. Este método restringe a aprendizagem da língua a um âmbito muito restrito e não comunicativo, que não prepara os alunos para utilizar a língua na vida quotidiana. Frequentemente, as aulas segregadas de ESL / EFL apresentam a instrução em termos de estratégias de aprendizagem ligadas a competências: estratégias de leitura, estratégias de audição, estratégias de fala e estratégias de escrita (Peregoy & Boyle, 20010).

As estratégias de aprendizagem são estratégias que os alunos utilizam, na maioria das vezes conscientemente, para melhorar a sua aprendizagem. Exemplos disso são a adivinhação do significado com base no contexto, a decomposição de uma frase ou palavra em partes para compreender o significado e a prática da língua com outra pessoa (Peregoy & Boyle , 20010

Muito frequentemente, os peritos demonstram estratégias como se estivessem ligadas a apenas uma competência específica, como a leitura ou a escrita (por exemplo, Peregoy & Boyle, 2001). No entanto, pode ser confuso ou enganador acreditar que um dado está associado apenas a uma competência linguística específica. Muitas estratégias, como a atenção selectiva, a autoavaliação, as perguntas, a análise, a planificação e a previsão, são aplicáveis a todas as áreas de competências (Oxford, 1990). Ensinar os alunos a melhorar as suas estratégias de aprendizagem numa área de competências pode melhorar o desempenho em todas as competências linguísticas (Oxford, 1996).

Tal como oxford (2001) ilustrou, se o professor for criativo, um curso com um título discreto pode, de facto, envolver competências múltiplas e integradas. Por exemplo, num curso sobre leitura intermédia, o professor provavelmente dá todas as instruções oralmente em inglês, fazendo com que os alunos usem a sua capacidade de compreensão oral para entender a tarefa. Neste curso, os alunos podem discutir a sua leitura, empregando assim as competências de expressão oral e auditiva e certas competências associadas, como a pronúncia, a sintaxe e o uso social. Poderá ser pedido aos alunos que resumam ou analisem as leituras por escrito, activando assim as suas competências de escrita. Assim, num sentido real, alguns cursos que são rotulados de acordo com uma competência específica podem, afinal, refletir uma abordagem integrada.

No contexto das abordagens segregadas no ensino de línguas estrangeiras ou segundas, Oxford (2001, p.2) afirmou que "uma determinada série pode destacar certas competências num livro ou noutro, mas todas as competências linguísticas podem, no entanto, estar presentes nas tarefas de cada livro. Assim, os alunos têm o benefício de praticar todas as competências linguísticas de uma forma integrada e comunicativa natural, mesmo que uma competência seja o foco principal de um determinado volume". No entanto, existem algumas vantagens para a abordagem segregada que são descritas de seguida.

2.3.1 Vantagens da abordagem segregada no ensino de línguas estrangeiras / segundas línguas

Como já foi referido, a utilização do ensino separado permite que tanto os professores como os alunos se concentrem de forma abrangente numa área, em vez de se concentrarem em várias áreas, como acontece no ensino integrado de competências. No entanto, as desvantagens que foram consideradas para as instruções integradas podem ser chamadas de vantagens da outra abordagem, que é a segregada.

2.3.2 Desvantagens da abordagem segregada no ensino de línguas estrangeiras / segundas línguas

Blanton (1992) criticou as aulas tradicionais devido ao seu ensino segregado de competências. Apresentou uma série de razões, tais como o facto de privar os alunos da imersão linguística e intelectual necessária à aquisição da língua e ao desenvolvimento cognitivo. Para evitar estas situações, sugeriu uma abordagem da língua como um todo, com base num modelo orientado para os conteúdos.

Para além destas abordagens segregadas no ensino de EFL / ESL, vale a pena referir que existem vários elementos numa língua que são da maior importância para os professores de EFL / ESL conhecerem. Sem conhecer esses elementos, os professores não seriam capazes de manipular uma abordagem adequada no ensino da língua; a secção seguinte apresenta esta ideia em pormenor.

2.4 Três elementos da língua: Forma, significado e função

De acordo com Larsen - freeman e Long (1991), a aquisição de línguas está sempre preocupada com três elementos, independentemente das diferenças na aquisição da primeira língua ou na aquisição da segunda língua. São eles a forma, o significado e a função.

Larsen - Freeman e Long (1991, p.207) definiram a forma como "o meio pelo qual um elemento da língua é expresso na fala ou na escrita". Afirmam que as formas podem ser representadas pelo sistema de escrita padrão de uma língua ou por símbolos fonéticos ou fonémicos. O significado é o que uma língua exprime sobre o mundo em que vivemos ou sobre qualquer mundo possível ou imaginário em linguística, e o estudo do significado é designado por semântica.

De acordo com Larsen - Freeman e Long (1991, p.214), "a semântica preocupa-se normalmente com a análise do significado das palavras, frases ou sentenças e, por vezes, com o significado de enunciados no discurso ou o significado de um texto inteiro".

Além disso, definiram Função como "o objetivo para o qual um enunciado ou unidade linguística é utilizado". (p.323). Afirmaram que, no ensino das línguas, as funções da língua são frequentemente descritas como categorias de comportamentos, por exemplo, pedidos, desculpas, ofertas, elogios. E que o uso funcional da língua não pode ser determinado simplesmente pelo estudo da estrutura gramatical das frases. De acordo com as suas conclusões, em linguística, os usos funcionais da língua são estudados através da análise do discurso, da sociolinguística e da pragmática.

De acordo com Larsen-Freeman (1986), na abordagem comunicativa do ensino das línguas, um programa de estudos é frequentemente organizado em termos das diferentes funções linguísticas que o aluno precisa de exprimir ou compreender. Quando os alunos aprendem uma língua estrangeira misturando os três elementos da língua, estes elementos separados determinam a aquisição da língua. Por conseguinte, a introdução dos três elementos é indispensável para a aquisição da língua.

No caso da aquisição da nossa primeira língua, absorvemos muitas palavras quando éramos crianças. Desde cedo, começámos a ouvir um som e a associá-lo ao seu significado. No entanto, se as crianças ouvirem e compreenderem o significado, este não tem sentido para elas, a menos que o utilizem na vida real. No caso da aquisição de uma segunda língua, estes três elementos são indispensáveis porque o objetivo do atual ensino do inglês é cultivar a língua inglesa dos alunos, a competência comunicativa; por outras palavras, permitir-lhes utilizar o inglês.

As diferentes abordagens de ensino de línguas estrangeiras podem centrar-se mais num destes elementos do que noutros. Na secção seguinte, cada abordagem de ensino de línguas estrangeiras é desenvolvida em mais pormenor e cada uma delas é acompanhada de algumas provas.

2.5 Três abordagens do ensino de línguas estrangeiras: foco nas formas, foco na forma, foco no significado

Estas abordagens pedagógicas podem ser classificadas da seguinte forma:
Foco na forma, foco nas formas e foco no significado. Em primeiro lugar, estes novos métodos são definidos e são apresentadas algumas evidências para cada uma das três abordagens.

2.5.1 Foco na forma

Para fornecer uma panorâmica histórica do enfoque na forma, Long e Robinson (1998) afirmaram que, anteriormente, a primeira tarefa na conceção do programa de estudos era analisar a língua-alvo para formar uma gramática pedagógica, o que é designado por Wilkins (1976, como citado em Long & Robinson, 1998) como *abordagem sintética*. Explicam ainda que neste tipo de programa de estudos. A língua era dividida em palavras, regras gramaticais, etc., que eram sequenciadas para serem apresentadas como modelos aos alunos de forma linear e aditiva. O programa estrutural pode ser visto como um dos modelos mais comuns de programa sintético. Além disso, este programa conduz a uma concentração nas Formas, ou seja, itens discretos de gramática, léxico, funções e noções são apresentados um de cada vez, como se explica na secção seguinte. A este respeito, Long e Robinson afirmaram que, entre muitos estudos sobre o contexto naturalista e a aprendizagem de línguas na sala de aula na literatura, nenhum mostrou qualquer semelhança entre esta forma de apresentação e "a ordem ou a forma como os adquirentes naturalistas ou da sala de aula aprendem" (p.16).

A focalização na forma é uma nova abordagem que foi sugerida por Long em 1988. Esta abordagem incentiva os aprendentes a adquirirem competências comunicativas e gramaticais.

Em 2003, o Ministério da Educação anunciou que o novo objetivo da aprendizagem de uma segunda língua não é a aquisição de conhecimentos relativos à cultura, aos modos e aos clientes das regiões de língua inglesa, mas sim o reforço da competência comunicativa dos aprendentes.

Além disso, em 2008, o Ministério da Educação anunciou um novo curso de estudo que foi construído sobre um tema de "síntese", com base no facto de muitas aulas de inglês se terem centrado principalmente na gramática durante muito tempo e de parecer que os professores e académicos japoneses de inglês tinham concebido vários métodos para romper com os objectivos do antigo padrão de ensino e para cultivar japoneses que pudessem tentar comunicar com pessoas de outros países em inglês fluente (Kumagai, 2010). No entanto, os professores e os alunos, especialmente os do ensino básico, não podem ignorar o exame de admissão à universidade. O verdadeiro exame, como o teste do centro de exames de admissão à universidade ou as perguntas para o exame de admissão, mede principalmente o conhecimento da gramática ou a interpretação de um texto em inglês. Por conseguinte, a gramática não pode ser ignorada (Kumagai, 2010).

A focalização na forma, em contraste com a focalização nas formas, é introduzida e consiste num desvio ocasional da atenção para as caraterísticas do código linguístico por parte do professor e/ou de mais aprendentes, desencadeado por problemas percebidos na compreensão ou na produção (Long & Robinson, 1998, p.23). A focalização na forma divide-se ainda em duas categorias: feedback negativo explícito e feedback negativo implícito. Um exemplo de feedback negativo explícito pode ser a interrupção de um trabalho de comunicação em grupo para chamar a atenção dos alunos para um ponto gramatical, depois de o professor se ter apercebido de que era um ponto de erro para os alunos. Um exemplo deste último é a reformulação, que é muito comum tanto na aquisição da L1 como na aquisição da L2 (Long & Robinson, 1998).

2.5.2 Foco nos formulários

De acordo com Long e Robinson (1998, p.16), a focalização nas formas é definida como o papel do aprendente de sintetizar a peça para a utilizar na comunicação. Afirmam que os programas de estudos sintéticos, juntamente com os materiais correspondentes, a metodologia e a pedagogia da sala de aula, conduzem a aulas com foco nas formas e os materiais pedagógicos e os procedimentos de acompanhamento da sala de aula são concebidos para apresentar e praticar uma série de itens linguísticos ou formas.

Muranoi (2000, p.659) definiu-o como "Foco nas formas é um método de aprendizagem concebido para dar demasiada ênfase à gramática, de modo a que os alunos aprendam pontos gramaticais isolados de cada um dos seus contextos textuais".

De acordo com Doughty (2001), existem algumas diferenças entre a focalização na forma e a focalização nas formas, que são apresentadas no quadro seguinte.

Quadro 2.1 Diferença entre a focalização na forma e a focalização na forma

Focus on Form (FonF instruction)	**Focus on Forms (forms – focused instruction)**
The word from refers to language form in general	Forms refer to discrete , isolated , specific language forms
Learners first engage in meaning ; then explore some linguistic features	Primary attention to form
Occasional shift of attention to form	Most attention to form
Triggered by perceived problems in comprehension or production	Pre – selected in the syllabus
Linguistic features are explored in contexts	Forms re taught in isolation
Analytical approach	Synthetic approach

Esta abordagem é centrada no professor e considera a promoção da competência gramatical na primeira fase do ensino. Os professores ensinam a língua-alvo exatamente desde o início, o que se designa por abordagem de ensino integrado. Assim, o foco nas formas é um dos métodos de ensino e destina-se a que o aluno acumule conhecimentos gramaticais gradualmente. Os métodos tradicionais, como o Método Direto, o Método de Tradução Gramatical e o Método Audio-lingual, colocam a ênfase na aquisição e precisão da gramática (Richards & Rogers, 2001).

Tendo em conta o facto de este tipo de programa não ter funcionado como previsto, iniciou-se o movimento do "foco nas formas" para um "foco no significado" igualmente único.

2.5.3. Foco no significado

O termo instrução centrada no significado tornou-se atualmente um termo amplamente utilizado na literatura sobre o ensino das línguas (Willis & Willis, 2007). Este termo nasceu em reação aos métodos de ensino de línguas que enfatizavam o domínio das formas linguísticas (Hedge, 2000).

Os métodos de ensino tradicionais podem ser classificados como centrados nas formas, que se centram na gramática. Por outro lado, a focalização no significado é classificada como um método de ensino atualmente proposto, como o ensino comunicativo das línguas (CLT) e o ensino das línguas baseado em tarefas (TBLT).

De acordo com Long e Robinson (1998), a focalização no significado é "a aprendizagem de uma L2 de forma acidental ou implícita a partir da exposição a amostras compreensíveis da língua-alvo, o que é suficiente para o sucesso da aquisição de uma segunda língua ou de uma língua estrangeira por crianças pequenas" (p.18).

Muranoi (2000, p.660) também definiu o Foco no Significado como "um método de aprendizagem que considera o significado como importante e não volta a atenção dos alunos para a gramática".

O termo instrução centrada no significado tornou-se atualmente um termo amplamente utilizado na literatura sobre o ensino das línguas (Willis & Willis, 2007). Este termo nasceu em reação aos métodos de ensino de línguas que enfatizavam o domínio das formas linguísticas (Hedge, 2000). Gradualmente, métodos como o Método de Tradução Gramatical e o Método Audio Lingual (ALM) caíram em desuso devido à sua inadequação na preparação dos alunos para a comunicação natural fora da sala de aula (Richard & Rodgers, 2001). Os defensores do ensino centrado no significado acreditavam que os alunos adquirem melhor uma língua estrangeira quando a sua atenção está centrada no significado e não nas formas linguísticas. Esta abordagem do ensino das línguas encontrou rapidamente um certo número de apoiantes (Krashen, 1982, Krashen & Terrel, 1983, Prabhu, 1987) e foram desenvolvidas várias teorias e modelos de aquisição de uma segunda língua. Por exemplo, Krashen e Terrel (1983) envolveram-se tanto no ensino centrado no significado que desenvolveram a sua própria metodologia como Abordagem Natural. A sua metodologia defendia que "só é possível adquirir uma segunda língua no contexto da sala de aula se os professores derem aos alunos oportunidades suficientes para comunicarem naturalmente uns com os outros numa sala de aula sem stress e se fornecerem aos alunos input compreensível" (pp.61-64). Por outro lado, Prabhu (1987) estabeleceu uma pedagogia linguística baseada em tarefas através do projeto Bangalore. De acordo com Prabhu, os alunos aprendem melhor quando o tempo de aula é gasto em actividades centradas no significado, tais como tarefas de informação, raciocínio e de formação de opinião.

De acordo com Williams (1995, p.13), o ensino centrado no significado partilha as seguintes caraterísticas

- "Dão ênfase à utilização de uma linguagem autêntica

- Dão ênfase a tarefas que incentivam a negociação de significados entre os alunos, entre os alunos e entre os alunos e o professor.

- Dão ênfase a uma comunicação bem sucedida, especialmente aquela que envolve a assunção de riscos

- Destacam uma atenção mínima à forma, incluindo a) falta de ênfase na correção de erros e b) pouca instrução explícita sobre as regras da língua.

- Eles dão ênfase a uma autonomia mais enxuta".

Estas caraterísticas do ensino centrado no significado tornaram-no atrativo tanto para os professores de línguas como para os teóricos do ensino das línguas durante muitos anos. No entanto, especialistas em ensino de línguas, como Ellis, 1993, Long, 1991, Richards, 1984, e

Rutherford, 1987, perguntaram-se se o ensino centrado no significado, sem ênfase na forma, seria suficiente para adquirir uma segunda língua com sucesso.

Além disso, Higgs e Clifford (1982) afirmaram que a avaliação das aulas comunicativas revelou que havia alguns problemas com as abordagens de ensino de línguas que enfatizavam a comunicação significativa e negligenciavam as formas linguísticas. Por exemplo, os alunos que aprenderam uma segunda língua através de aulas comunicativas não obtiveram níveis elevados de proficiência linguística.

Além disso, Kumagai (2010) afirmou que, quando pensamos na nossa conversa quotidiana, consideramos que o significado é mais importante do que a gramática. Por isso, podemos falar com outras pessoas apenas como uma troca de significado. No entanto, quando pensamos em exatidão, o nível de conversação não é exato, pelo que o objetivo do Foco no Significado é utilizar a língua-alvo em situações reais, mas permitir que os alunos falem, leiam e escrevam sobre conteúdos complicados.

Este tipo de aprendizagem de línguas, que defende que a língua deve ser aprendida experimentando-a como um meio de comunicação, forma a base para o programa analítico, que é definido por Wilkins (1976, citado em Long & Robinson, 1998) como a organização dos "Objectivos para os quais as pessoas estão a aprender línguas e os tipos de desempenho linguístico que são necessários para atingir esses objectivos" (p.18). Long e Robinson afirmam que os defensores do foco no significado enfatizam que uma grande quantidade de evidências positivas na exposição ao input apoia a existência do que é possível na L2. É claro que também acrescentam o facto de que este input deve ser modificado de uma forma natural, por exemplo, a negociação do significado nas comunicações professor-aluno de uma forma natural.

Após um longo período de debate sobre as vantagens e desvantagens do ensino centrado na forma e do ensino centrado no significado, no final da década de 1980 e no início da década de 1990, a opinião dominante sobre esta questão parecia concordar que o ensino (aquisição) de uma segunda língua, centrado principalmente no significado, poderia ser melhorado se fosse dada alguma atenção à forma. A focalização na forma chama abertamente a atenção dos alunos para elementos linguísticos que surgem incidentalmente em aulas cujo objetivo principal é o significado ou a comunicação (Long, 1991, citado em Doughty, 2001).

Em linhas gerais, Doughty (2001) afirma que a focalização na forma promove a aquisição de formas linguísticas específicas, como a gramática e o significado das palavras na atividade de segunda língua baseada no significado. Este princípio de ensino consiste em chamar naturalmente a atenção dos aprendentes para a forma específica da língua. Este método centra-se principalmente nos aprendentes e estes adquirem a língua como uma abordagem de ensino integrada.

Além disso, Doughty (2001) considera que a focalização na forma lida com os três elementos da aquisição da língua: forma, significado e função ao mesmo tempo, pelo que conclui que este método constitui uma abordagem eficaz para a aprendizagem da língua e para a utilização na sala de aula.

No entanto, Nassaji (1999, p.4) afirma que "com a introdução da abordagem comunicativa no ensino e na aprendizagem de uma segunda língua, surgiu uma forte tendência para não se centrar nas formas linguísticas e, consequentemente, para minimizar o estatuto do ensino da gramática. No entanto, as perspectivas sobre o ensino e a aprendizagem de línguas mudaram radicalmente. As novas perspectivas defendem uma abordagem de princípio centrada na forma para a aprendizagem de L2, argumentando que "uma abordagem totalmente baseada na mensagem é inadequada para o desenvolvimento de um conhecimento exato da língua". Para ele, a Focalização na Forma opõe-se à ideia de que "a instrução gramatical é sinónimo de formas gramaticais explícitas, em vez de uma instrução explícita conduzida pelo professor".

A este respeito, Doughty e Williams (1998) afirmaram que, na focalização nas formas, as caraterísticas linguísticas estavam isoladas do contexto ou da atividade comunicativa, enquanto a focalização na forma integrava a atenção à forma, ao significado e ao uso. Concluíram que a principal vantagem da integração da forma, do significado e do uso era o facto de os alunos negociarem o significado na sua L2.

Num outro estudo efectuado por Long (1996, p.415), foi demonstrado um demérito para a focalização nas formas, ou seja, "não houve uma análise das necessidades para identificar as necessidades comunicativas de um determinado aluno ou grupo de alunos, nem uma análise dos meios para determinar os seus estilos e preferências de aprendizagem. Trata-se de uma abordagem de tamanho único".

Van Patten (1996) investigou os efeitos da instrução de processamento num grupo de alunos do ensino secundário que estudavam espanhol no nível intermédio. A instrução de processamento envolve uma explicação explícita de uma determinada regra gramatical, seguida de actividades práticas contextualizadas. Os participantes foram divididos em três grupos: um que recebeu explicações explícitas das regras, um que recebeu actividades de prática contextualizada e um que recebeu explicações explícitas das regras e actividades de prática contextualizada. Descobriram que aqueles que apenas receberam explicações explícitas retiveram o menor número de regras gramaticais; os outros dois grupos, por outro lado, obtiveram resultados significativamente mais elevados nos testes pós-tratamento.

Além disso, Doughty e Verela (1998) examinaram as diferenças na aquisição do tempo verbal em inglês entre os estudantes de ciências do primeiro ciclo dos EUA que receberam recasts corretivos e os que receberam instrução conduzida pelo professor, principalmente sob a forma de palestras. Independentemente do tipo de instrução a que foram expostos, os alunos fizeram pré - testes e pós - testes. Os alunos que receberam recasts corretivos tiveram um desempenho significativamente melhor nos pós-testes do que aqueles que receberam instrução conduzida pelo professor. Concluíram que a utilização de tarefas de Foco na Forma era eficaz na aprendizagem de línguas.

Num outro estudo, Williams e Evans (1998) estudaram a precisão com que os alunos de nível intermédio de ESL utilizavam a voz passiva e os particípios adjectivais. Foram constituídos dois grupos, um que recebeu o input flooding e outro que actuou como grupo de controlo. Os resultados demonstraram que o grupo experimental apresentou uma utilização mais precisa da voz passiva do que o grupo de controlo, mas não foram observadas diferenças significativas entre os grupos em termos da utilização de particípios adjectivais. Os autores afirmam que o grupo com tarefas de Foco na Forma apresentou mais resultados.

Por último, Saeidi , Zaferanieh e Shatery (2012) efectuaram um estudo sobre o papel da focalização na forma, da focalização no significado e da focalização nas formas no vocabulário dos alunos

aprendizagem em contexto de ESP . Selecionaram 70 estudantes iranianos com idades compreendidas entre 19 e 22 anos, com formação em engenharia arquitetónica, que constituíam três turmas de inglês. Como pré-teste, foi administrado um teste de vocabulário elaborado pelo investigador. Na fase seguinte, os alunos foram divididos em três grupos diferentes que receberam instruções diferentes: Instrução com foco na forma (tarefa de ditado), instrução com foco no significado (tarefa de discussão) e instrução com foco na forma (listas de palavras). Os dois primeiros grupos eram grupos experimentais e o último grupo era o grupo de controlo. A análise de dados neste estudo foi efectuada através de uma ANOVA unidirecional. Os resultados indicaram que os alunos do grupo Foco na Forma obtiveram resultados significativamente mais elevados do que os do grupo Foco no Significado e Foco na Forma. Além disso, as pontuações dos alunos no grupo Foco no Significado foram significativamente mais elevadas do que no grupo Foco nas Formas.

Nas descrições pormenorizadas acima apresentadas, foram expostas as diferentes abordagens do ensino de línguas estrangeiras, bem como as ideias dos académicos a este respeito. Na secção seguinte, são descritos os vários métodos de ensino de línguas estrangeiras.

2.6. Métodos de ensino de línguas estrangeiras

Esta secção trata de vários métodos de ensino de uma língua estrangeira que foram apresentados e desenvolvidos por vários estudiosos desta área.

2.6.1. Métodos de ensino tradicionais

Esta secção trata de vários métodos tradicionais propostos por diferentes académicos no domínio do ensino de uma língua estrangeira. O método mais tradicional e famoso de ensino de uma língua estrangeira é o Método de Tradução Gramatical (MTG). De acordo com o

Longman Dictionary of Language Teaching and Applied Linguistics (2010, p.231), o Método de Tradução Gramatical é um método de ensino de uma língua estrangeira ou segunda língua que utiliza a tradução e o estudo da gramática como principais actividades de ensino e aprendizagem. Uma aula típica consiste na apresentação de uma regra gramatical, no estudo de listas de vocabulário e num exercício de tradução. Este método dá mais ênfase à leitura do que à capacidade de comunicar numa língua em que existe uma reação. De acordo com Larsen - Freeman (2001, pp.17-18), os objectivos dos professores que utilizavam o Método de Tradução Gramatical eram permitir que os seus alunos lessem literatura escrita na língua-alvo. Para tal, os alunos precisam de aprender as regras gramaticais e o vocabulário da língua de chegada. O professor era o elemento auditivo na sala de aula. Os alunos foram ensinados a traduzir de uma língua para outra. Muitas vezes, o que traduzem é a leitura na língua-alvo de alguns aspectos da cultura da comunidade da língua-alvo. Os alunos recebiam as regras gramaticais para outros exemplos. Segundo este método, a língua da literatura é considerada superior à língua falada e é, por isso, a língua que os alunos estudam. O vocabulário e a gramática são enfatizados. A leitura e a escrita são as principais competências trabalhadas pelos alunos. É dada muito menos atenção à expressão oral e à compreensão oral.

No entanto, este método tem algumas vantagens: em primeiro lugar, os professores podem lidar com materiais didácticos intelectualmente avançados. Em segundo lugar, os professores podem fazer com que os alunos compreendam o significado e traduzir a segunda língua para a primeira língua. Os professores podem ensinar gramática de forma sistemática. Os alunos, que foram ensinados pelo método de tradução gramatical, podem compreender alguns artigos que estão a um nível mais elevado. Para além disso, conseguem compreender a gramática de forma sistemática. Assim, o método de tradução da gramática é ótimo para aprender a língua-alvo de forma sintética.

Por outro lado, existem algumas desvantagens. Em primeiro lugar, é difícil melhorar o conhecimento prático da língua-alvo por parte do aprendente. É por esta razão que este método de ensino depende fortemente da língua materna e da atenção dos alunos para com a sua língua materna. Em segundo lugar, a competência dos alunos na língua falada não pode ser promovida devido à ênfase na escrita. Os professores não se concentram em falar e ouvir de uma forma prática e não põem em prática a língua-alvo, pelo que a competência comunicativa não cresce.

Estes métodos de ensino privilegiam a aquisição de formas. Estes métodos têm muitas vantagens, mas enfatizam principalmente a forma; especialmente negligenciados são o significado e a função na vida real. É importante enfatizar o uso da precisão, mas é difícil aplicá-la na vida real porque leva muito tempo. Com base nestas vantagens e desvantagens, nascem os outros métodos de ensino.

2.6.2. Métodos de ensino atualmente propostos

De acordo com Larsen - Freeman (2001), o ensino comunicativo das línguas é uma teoria do ensino das línguas. Nas décadas de 1940 e 1950, a profissão foi determinada pelo programa behaviorista. Um conjunto de estruturas linguísticas cientificamente ordenadas, introduzidas na mente dos aprendentes através do condicionamento. Na década de 1960, os investigadores estavam bastante preocupados com a forma como a gramática generativa de Chomsky e como injetar o código cognitivo de uma língua no processo de absorção. No final da década de 1970 e no início da década de 1980, surgiu a abordagem comunicativa e, no final da década de 1980 e na década de 1990, assistiu-se ao desenvolvimento de abordagens que realçavam as propriedades fundamentalmente comunicativas da língua e as salas de aula eram cada vez mais caracterizadas pela autenticidade, pela simulação do mundo real e por tarefas significativas.

Atualmente, para além dos elementos gramaticais e discursivos da comunicação, é considerada a natureza das caraterísticas sociais, culturais e pragmáticas da língua. O TCL sugere que a estrutura gramatical pode ser melhor incluída em várias categorias funcionais.

No CLT, os professores prestam consideravelmente menos atenção à apresentação e discussão das regras gramaticais do que faziam tradicionalmente. O CLT implica uma grande utilização da autenticidade (Richards & Rogers, 2001).

Algumas das caraterísticas do modelo CLT dificultam o ensino efetivo de um professor não nativo que não domine a segunda língua. Diálogos, exercícios, exercícios ensaiados e discussão de regras gramaticais são muito mais simples para alguns professores que não são falantes nativos.

No contexto do inglês como língua estrangeira, a Tailândia adoptou o ensino comunicativo da língua para facilitar o processo de aprendizagem da língua e melhorar a competência comunicativa na área social e académica da língua (Ministério da Educação, 2004). Como resultado, os currículos de inglês foram concebidos para se afastarem da gramática tradicional - tradução para métodos comunicativos, promovendo a interação entre os alunos e entre estes e o professor através de tarefas comunicativas que podem ajudar os alunos a desenvolver os seus conhecimentos e competências linguísticas (Ministério da Educação, 2004).

Na realidade, porém, o estudo do inglês não se centra necessariamente na precisão sintáctica ou na competência na utilização da gramática. Em vez disso, deve considerar-se criticamente a possibilidade de dar aos alunos a oportunidade de utilizarem o máximo de inglês possível em contextos da vida real. Em especial, os estudantes iranianos que têm oportunidades limitadas não só devem ser expostos a falantes nativos de inglês, como também devem ter a oportunidade de utilizar o inglês em contextos da vida real.

O ensino comunicativo das línguas refere-se tanto aos processos como aos objectivos da aprendizagem na sala de aula. O conceito teórico central do ensino comunicativo de línguas é a "competência comunicativa", um termo introduzido na discussão sobre o uso da língua e a aprendizagem de uma língua segunda ou estrangeira no início dos anos 70 (Savignon, 1991). A competência é definida em termos de expressão, interpretação e negociação de significados e recorre às perspectivas psicolinguística e sociocultural da investigação sobre a aquisição de uma segunda língua para explicar o seu desenvolvimento. A identificação das necessidades comunicativas do aprendente fornece uma base para a conceção do currículo (Savignon, 1991).

De acordo com Halliday (1978), a compreensão do CLT pode ser atribuída a desenvolvimentos simultâneos na Europa e na América do Norte. Na Europa, as necessidades linguísticas de um grupo de imigrantes e trabalhadores convidados em rápido crescimento e uma rica tradição linguística britânica que incluía o contexto social e linguístico na descrição do comportamento linguístico, levaram o Conselho da Europa a desenvolver um programa de estudos para aprendentes baseado em conceitos nocionais e funcionais de utilização da língua. O programa de estudos deriva da linguística sistémica ou funcional neo-firthiana, na qual a língua é vista como "potencial de significado" e o "contexto de situação" é considerado central para a compreensão dos sistemas linguísticos e do seu funcionamento.

Além disso, Van Ek (1975) afirmou que o programa de estudos descrevia um nível limite de competência linguística para cada uma das principais línguas da Europa, tendo em vista o que os alunos deveriam ser capazes de fazer com a língua.

O desenvolvimento simultâneo na Europa centrou-se no processo de aprendizagem comunicativa das línguas na sala de aula. Na Alemanha, por exemplo, tendo como pano de fundo os concertos sociais e democráticos para a capacitação individual, articulados nos escritos do filósofo Habermas, as metodologias de ensino de línguas assumiram a liderança no desenvolvimento de materiais para a sala de aula que encorajavam a escolha do aprendente (Candlin, 1978). A sua coleção sistemática de tipos de exercícios para o ensino da língua inglesa orientado para a comunicação foi utilizada em cursos e workshops de professores em serviço para orientar a mudança curricular. Os exercícios foram concebidos para explorar a variedade de significados sociais contidos em determinadas estruturas gramaticais. Um sistema de "cadeias" encorajava os professores e os alunos a definirem o seu próprio percurso de aprendizagem através da seleção de exercícios relevantes (Candlin, 1978).

Para além disso, Hymes (1971) debruçou-se sobre as comunidades de fala e a integração da língua, da comunicação e da cultura. Hymes concebeu a competência comunicativa, cujo foco não era a aprendizagem da língua, mas a língua como comportamento social. Além disso, centrou-se nas normas culturais dos falantes nativos e na dificuldade, se não impossibilidade, de as duplicar numa sala de aula de não nativos.

Uma vez que um dos focos do presente estudo é a atitude dos professores em relação à implementação de abordagens segregadas ou integradas no ensino da língua inglesa, deve haver algumas descrições sobre as crenças e atitudes dos professores.

2.7 Atitudes dos professores

A investigação sobre as crenças dos professores de línguas segundas é alimentada pela perspetiva de que "precisamos de saber mais sobre os professores de línguas: o que fazem, como pensam, o que sabem e como aprendem. Mais especificamente, precisamos de compreender melhor a forma como os professores de línguas concebem o que fazem: o que sabem sobre o ensino de línguas, como pensam sobre a sua prática na sala de aula e como esse conhecimento e esses processos de pensamento são aprendidos através da formação formal de professores e da experiência informal no trabalho" (Freeman & Richards, 2001, p.609).

É necessário estudar as atitudes dos professores para descobrir a relação entre as crenças dos professores e as acções na sala de aula.

De acordo com Green (1971), uma atitude é definida como "uma proposição que é aceite como verdadeira pelo indivíduo que detém a crença" (p.104). Johnson (1994) afirma que "esta natureza psicológica das crenças faz com que não sejam facilmente definidas nem estudadas" (p. 439).

Borg (2003 a) identificou 16 termos diferentes para a cognição dos professores que foram utilizados na literatura sobre as crenças dos professores de línguas durante as últimas décadas. Neste estudo, o termo "crenças dos professores" foi utilizado como um termo genérico para se referir às "afirmações que os professores fazem sobre as suas ideias, pensamentos e conhecimentos que são expressos como avaliações do "que deve ser feito" e do "que é preferível" (Bastukmen, Loewen & Ellis, 2004, p.244). Esta definição sugere a necessidade de estudar as crenças dos professores em relação às suas práticas profissionais, bem como a necessidade de utilizar uma abordagem de estudo de caso para estudar as crenças dos professores.

As crenças são socialmente construídas, embora sejam proposições pessoais. A partir do momento em que uma pessoa nasce, o seu sistema de crenças é formado, afetado e alterado em resultado da sua experiência do mundo e da sua experiência profissional.

Muitos investigadores forneceram provas empíricas do impacto das experiências de aprendizagem anteriores dos professores nas suas crenças sobre o ensino e a aprendizagem (por exemplo, Almarza, 1996; Boz, 2008; Cummug, 1989; Ellis, 2006; Freeman, 1992, 2002; Golombk, 1998; Smith, 1996). Desta forma, Miller e Aldred (2002) descobriram que os professores educados em salas de aula centradas no professor mantinham crenças e atitudes que dificultavam a adoção do TTC.

De acordo com Bailey, et al. (1996, p.12), a "aprendizagem da observação ou qualquer experiência anterior só influenciará os comportamentos de instrução dos professores na medida em que o permitir".

Num estudo realizado com estudantes de ESL, Miller e Aldred (2002) descobriram que os professores formados em salas de aula centradas no professor mantinham crenças e atitudes que dificultavam a adoção do CLT.

Breen, Hird, Milton, Oliver e Thwaite (2001) referiram que, apesar da diversidade individual, os professores parecem partilhar uma "pedagogia linguística colectiva" (p.496). As crenças, portanto, não estão apenas enraizadas nas experiências de aprendizagem anteriores dos professores enquanto aprendentes de línguas, mas podem também estar situadas nos "campos de interação" entre indivíduos (Hanks, 1991).

2.8. Estudos relacionados com as abordagens segregada e integrada do ensino das línguas

Leeman, Arteagoitia, Fridman e Doughty (1995) estudaram o efeito do enfoque na forma sobre a aprendizagem dos tempos verbais do pretérito e do imperfeito em espanhol numa aula de ensino baseado no conteúdo. Neste estudo, um grupo recebeu um tratamento puramente comunicativo, enquanto o outro recebeu um foco integrado na forma. No primeiro período de instrução, que durou 50 minutos, ambos os grupos leram o mesmo texto, mas o texto para o grupo de tratamento beneficiou de um reforço do input sob a forma de sublinhar, realçar e codificar a cores as formas reais visadas, bem como de chamar a atenção dos alunos para a expressão das relações temporais nos materiais. Além disso, os dois grupos participaram numa discussão sobre a base do texto que leram. O grupo de tratamento também recebeu feedback corretivo, desde recasts a gestos, durante a discussão. Houve também uma segunda aula de discussão a este respeito com o mesmo tratamento e controlo. Num pós-teste sobre as suas medidas de tarefa de conclusão de cloze, um ensaio escrito, e uma análise da produção durante dois debates na aula, a única significância nos ganhos de precisão foi encontrada durante os debates para o grupo de tratamento.

Millard (2000) estudou a Instrução Centrada na Forma no Ensino Comunicativo das Línguas. Estudou manuais de gramática utilizados em aulas intensivas de ESL, obtidos em três das principais instituições de ESL em Edmonton, Alberta, Canadá. As instituições foram escolhidas devido à semelhança das suas dimensões e do número de turmas que ofereciam. O autor concebeu uma lista de verificação para analisar os 13 manuais selecionados e mediu o grau de integração da ênfase nas formas gramaticais nas aulas baseadas no CLT. A lista de verificação foi concebida para medir quatro categorias: contexto, actividades, explicações e praticabilidade. Os resultados mostraram uma relativa consistência na variação dos manuais escolares e das categorias. Afirmou que as diferentes abordagens à contextualização e às actividades se tornaram claras quando se examinaram os manuais escolares. Encontrou apenas três dos 13 manuais com classificações elevadas para a instrução centrada na forma para o ensino comunicativo das línguas.

Para além disso, Burgess e Etherington (2002) investigaram as partes implícitas e explícitas da gramática. Além disso, tentaram compreender a atitude dos professores relativamente a estes métodos de ensino. Para o efeito, utilizaram um estudo quantitativo e um questionário. O questionário assumiu a forma de uma escala de atitudes de cinco pontos, do tipo Likert, que foi preenchida por professores de EAP em universidades britânicas. Os comentários mais longos feitos por alguns dos professores constituíram um conjunto de dados qualitativos. Foi considerado apenas um contexto de ensino, a fim de estabelecer uma ligação tão estreita quanto possível entre os professores e a sua experiência prática. O contexto escolhido foi o das aulas pré-sessionais de Inglês para Fins Académicos em universidades britânicas. A lista de membros da BALEAP (British Association of Lectures in English for Academic Purposes) foi utilizada como fonte de endereços das unidades EAP e foram enviados dois questionários a cada unidade para preenchimento. Os dados forneceram informações sobre as atitudes relacionadas com os princípios teóricos e a aplicação desses princípios na sala de aula. O questionário em estudo era composto por vários aspectos. A primeira parte tratava do papel da gramática na língua. Quatro das afirmações do inquérito foram concebidas para sondar as crenças dos professores sobre o papel da gramática na língua. O resultado da análise desta parte indicou que este grupo de professores considerava a exatidão gramatical como parte integrante da língua e da comunicação, e não como um complemento opcional depois de alcançada a comunicação básica. Este grupo de professores não se sentiria confortável com um programa de estudos que adiasse o ensino da gramática para mais tarde no processo de aprendizagem. Também seria mais provável que favorecessem uma abordagem integrada do ensino da gramática. A outra parte mediu as atitudes dos professores relativamente ao ensino explícito da língua. O resultado indicou que, embora estes professores possam sentir que o ensino explícito da gramática é favorecido pelos seus alunos devido a expectativas e sentimentos de segurança, os professores também parecem apoiar esta abordagem por razões pedagógicas próprias. A terceira parte mediu a instrução versus exposição. Estes professores acreditavam na possibilidade de aprender gramática apenas através do input, mas sentiam que a aprendizagem era favorecida pela instrução.

Lee (2008) efectuou uma investigação sobre o efeito do ensino integrado da leitura, da escrita e da aquisição de vocabulário. Selecionou 39 participantes com idades compreendidas entre os 8 e os 10 anos que estudavam numa escola canadiana. O filme "Mulan" foi selecionado como instrumento de recolha de dados (aproximadamente 88 minutos) pelo seu elevado nível de interesse e apelo cultural e artístico. Os itens-alvo preliminares consistem em 87 palavras isoladas e dezanove frases lexicais. A maior parte das palavras e dezanove frases lexicais, ditas pelas personagens do vídeo, foram incluídas num teste de escolha múltipla e testadas em 30 alunos de inglês como segunda língua, de nível e grau de escolaridade semelhantes, noutra escola secundária do distrito. Os testadores-piloto efectuaram testes de significado de

frases e de escolha múltipla. Os itens para os quais mais de 50% dos examinadores obtiveram resultados corretos no teste recetivo e que foram corretamente produzidos em frases em termos de significado foram eliminados para controlar a sobrecarga de itens e a dificuldade dos itens. O investigador leccionou todas as sessões. Os participantes ESL realizaram os pré-testes de vocabulário de escolha múltipla. Catorze dias depois, após uma breve introdução do professor sobre o contexto histórico de "Mulan", visualizaram o vídeo durante uma sessão e meia. De seguida, os participantes reescreveram a história. Foram instruídos a escrever mais de 250 palavras, sem lembretes de vocabulário e sem dicionários ou tradutores. As composições foram recolhidas. Entretanto, foi administrado o teste de escolha múltipla. Foram efectuados testes t com duas caudas para comparar os testes de escolha múltipla pré e pós-escolha de ESL. O teste lexical
Perfil de frequência (LFP) , uma medida objetiva da sofisticação do vocabulário (vocabulário de nível Laufer . Foi efectuado o teste do qui-quadrado para determinar as percentagens de vocabulário de nível superior a 2000 palavras. O teste do qui-quadrado foi efectuado para determinar a categoria dominante de progresso na aprendizagem do vocabulário. O resultado da análise destes três testes indicou que o grupo de ESL obteve ganhos significativos na receção de palavras isoladas e frases lexicais. Além disso, no que diz respeito ao vocabulário produtivo, os participantes do ESL registaram uma melhoria significativa no total das famílias de palavras. Em geral, os resultados indicaram que a produção ao nível do discurso livre de vocabulário previamente aprendido no ensino integrado foi mais bem sucedida. Noutro estudo de Baleghizadeh (2010), o foco foi a forma numa sala de aula comunicativa de EFL. Ele investigou 11 estudantes adultos (2 homens e 9 mulheres) que estavam a frequentar um curso de conversação intermédio num instituto de línguas privado em Teerão, no Irão. Os participantes do seu estudo tiveram seis sessões de aulas de conversação. Cada aula começava com um determinado tópico, seguido de uma breve passagem de leitura e de uma série de questões de reflexão para discussão. Depois, era apresentada uma história ilustrada em que os alunos inventavam uma história a partir de uma série de bandas desenhadas. Outra atividade após a história ilustrada foi uma tarefa de contar histórias. Desta vez, os alunos leram sobre um provérbio e, depois de negociarem o seu significado, relacionaram-no com situações da vida real, narrando as suas experiências pessoais e inventando as suas próprias histórias. Por último, havia uma tarefa de audição em que os alunos ouviam uma história ou um debate e depois participavam em novas discussões na sala de aula, orientadas por actividades de acompanhamento específicas. O que o investigador pretendia descobrir nesta aula era a natureza e a frequência das ocorrências de focalização na forma. Para o efeito, foi elaborada uma lista de verificação. Depois de verificar as observações e de analisar a lista de controlo, o resultado indicou que a incidência na forma era muito baixa na turma.

Num outro estudo realizado por Aljiffri (2010), este centrou-se nos efeitos da abordagem integrada do ensino do inglês e dos estudos sociais numa escola primária privada saudita. A população do seu estudo era constituída por alunas do ensino básico que aprendiam inglês e estudos sociais numa escola primária privada, em Jeddah, na Arábia Saudita, com uma idade média de 12-14 anos. Dividiu aleatoriamente os participantes em dois grupos, um como grupo experimental e o outro como grupo de controlo. Utilizou exames especiais de literacia (leitura e escrita), bem como um exame de Estudos Sociais para medir o desempenho global dos alunos em competências de literacia. Para analisar os dados, utilizou os dois testes de pré e pós para medir o desempenho dos alunos em competências literárias e estudos sociais, respetivamente. Para analisar os dados, o investigador aplicou um teste t de duas caudas e os resultados revelaram que o tratamento integrado de competências de literacia/estudos sociais teve um efeito significativo no desempenho dos alunos nas suas competências de literacia em inglês, bem como no desempenho dos estudos sociais, tal como ensinados de acordo com uma abordagem integrada. Além disso, Aljiffri afirmou que, para o desempenho do grupo experimental na leitura e na escrita, a metodologia de ensino de competências integradas teve um efeito significativo; os sujeitos experimentais ultrapassaram os sujeitos do grupo de controlo nas comparações das pontuações de todos os testes de competências, bem como nas pontuações de desempenho dos estudos sociais.

Nabizadeh e Adel (2011) realizaram uma investigação sobre o papel da língua inteira num contexto iraniano de EFL. Estudaram o desempenho dos alunos em termos de competências de leitura e escrita numa abordagem integrada. Foram extraídas as pontuações dos participantes nos cursos de leitura e escrita relacionados que já tinham sido avaliados. De seguida, foram administrados dois testes de leitura e escrita expositiva. As respostas dos participantes nos testes de compreensão de leitura de escolha múltipla foram classificadas. A análise mostrou que o ensino das competências de leitura e de escrita de uma forma integrada é um fator importante para melhorar a proficiência dos alunos nestas duas competências linguísticas.

Aydogan (2014) estuda a eficácia da abordagem de competências integradas nas aulas universitárias na Turquia. Além disso, tentou descobrir se existe alguma diferença significativa entre os géneros a este respeito. O estudo envolveu 149 participantes com idades compreendidas entre os 17 e os 27 anos. Do número total de participantes, 81 eram do sexo feminino e 68 do sexo masculino. Aplicou um questionário sobre a Aprendizagem do Inglês, que consistia em seis subescalas de melhoria do nível geral de inglês, vocabulário, gramática, leitura, escrita e expressão oral em inglês. Utilizou uma ferramenta de inquérito através da Internet. Os participantes foram questionados sobre o seu grau de concordância com cada um dos itens do questionário. A escala era uma escala de Likert de cinco pontos. Para analisar os dados, o investigador utiliza vários procedimentos do SPSS, como a correlação, regressões múltiplas e o teste t. O resultado da sua análise indicou que todas as subescalas do questionário apresentavam correlações estatisticamente significativas entre si. Além disso, a melhoria do nível geral de inglês, a aprendizagem de vocabulário, o estudo da gramática, a leitura em inglês e a escrita em inglês foram bons indicadores da capacidade de falar em inglês fora da aula. Além disso, melhorar o nível geral de inglês e escrever em inglês foram preditores estatisticamente significativos de falar em inglês fora do contexto da aula e os alunos tinham desenvolvido melhores competências e estratégias para a aprendizagem de vocabulário do que para o estudo da gramática. Além disso, os participantes utilizaram estratégias e competências para escrever mais eficazmente do que para ler. Por último, Aydogan afirmou que só existiam diferenças de género estatisticamente significativas na melhoria do nível geral de inglês. Ou seja, os resultados médios noutras variáveis foram bastante semelhantes para o género masculino e feminino.

Capítulo 3

Este estudo tem como objetivo determinar qual das hipóteses anteriormente mencionadas pode dar uma explicação significativa da aquisição das competências linguísticas dos alunos. Por conseguinte, a fim de rever os objectivos deste estudo, foi apresentada uma visão geral na secção 3.1. As técnicas de amostragem e as caraterísticas dos participantes foram descritas na secção 3.2. A informação sobre os instrumentos e os procedimentos é explicada nas secções 3.3 e 3.4, respetivamente. A secção 3.5 é dedicada à elaboração da conceção da investigação. Por último, na secção 3.6, é apresentado o processo de análise dos dados e as etapas estatísticas.

3.1 Panorama do estudo

A língua inglesa é uma das línguas mais populares para aprender. Talvez a língua mais falada em todo o mundo seja o inglês, e muitas pessoas optam por aprender a língua simplesmente para se colocarem numa posição melhor para conseguir trabalho ou comunicar mais eficazmente com mais pessoas de todo o mundo. O inglês pode ser uma língua popular para aprender, mas isso não significa necessariamente que seja uma língua simples de dominar. Há muitos desafios que as pessoas enfrentam quando aprendem inglês e, se estiver ciente deles de antemão, tem muito mais hipóteses de dominar a língua.

Todos os alunos de inglês gostariam de falar bem inglês. Ficam entusiasmados com a ideia de serem capazes de comunicar fluentemente em inglês. No entanto, normalmente não se preocupam com o processo de aprendizagem em si. Para a maioria dos alunos, aprender inglês é um dever, algo que têm de fazer, mas que não querem fazer. Não vêem prazer em aprender inglês. Em suma, a maioria dos alunos gostaria de falar bem inglês, mas não gosta de aprender inglês. Este é o primeiro e maior problema que um aprendente de inglês enfrenta, porque uma pessoa que não gosta de aprender inglês não o vai aprender bem.

No entanto, foram propostas diferentes abordagens para tornar a aprendizagem mais fácil e mais rápida. As abordagens segregada e integrada da aprendizagem de línguas são dois desses tratamentos estudados e comparados neste estudo. Assim, para atingir estes objectivos, foi selecionado um grupo de professores de EFL.

3.2 Amostragem

Os participantes no presente estudo foram selecionados através da técnica de amostragem por conveniência. A amostragem de conveniência é uma subcategoria da amostra acidental. É um tipo de amostragem que implica que a amostra seja retirada da parte da população que está à mão. Ou seja, a população da amostra é selecionada porque está facilmente disponível e é conveniente. Embora a seleção possa não ser guiada, é uma das técnicas de amostragem mais frequentemente utilizadas pela maioria dos investigadores.

Em todas as formas de investigação, o ideal seria testar toda a população mas, na maioria dos casos, a população é demasiado grande e é impossível incluir todos os indivíduos. É por esta razão que a maioria dos estudos recorre a técnicas de amostragem como a amostragem de conveniência, a mais comum de todas as técnicas de amostragem. Muitos investigadores preferem esta técnica de amostragem porque é rápida, barata, fácil e os indivíduos estão facilmente disponíveis. Uma das vantagens mais significativas da amostragem de conveniência é observada nos estudos-piloto. Nos estudos-piloto, a amostra de conveniência é normalmente utilizada porque permite ao investigador obter dados básicos e tendências relativamente ao seu estudo sem a complicação de utilizar uma amostra aleatória.

Para além das vantagens acima mencionadas, a amostragem de conveniência tem também algumas desvantagens. A crítica mais óbvia à amostragem por conveniência é o enviesamento da amostra e o facto de a amostra não ser representativa de toda a população. Outra crítica significativa é a limitação na generalização e na realização de inferências sobre toda a população. Uma vez que a amostra não é representativa da população, os resultados do estudo não podem falar em nome de toda a população. Isto resulta numa validade externa do estudo.

3.3 Participantes

Neste estudo, os participantes foram uma amostra de 40 professores do sexo feminino e 20 do sexo masculino que leccionaram em Shahrekord, nos anos lectivos de 2015-2016. Os professores referiram trabalhar em escolas secundárias. Em contextos públicos e privados, e tinham 1 a 25 anos de experiência de ensino. A idade dos participantes variava entre os 20 e os 45 anos. Quanto ao género, havia participantes de ambos os sexos em cada grupo; no entanto, a maioria dos participantes era do sexo feminino (este estudo não se preocupou com o género). Além disso, os participantes foram inquiridos relativamente aos seus antecedentes linguísticos, tais como a sua L1, estudos anteriores em inglês e residência em países de língua inglesa. Nesta população, os professores eram todos falantes nativos de persa e trabalhavam a tempo inteiro na zona urbana. Os seus diplomas académicos incluíam a licenciatura em artes (BA) ou o mestrado em artes (MA) em cursos relacionados com o inglês (ou seja, tradução inglesa, literatura inglesa e ensino de inglês). Além disso, nenhum dos participantes selecionados tinha vivido em qualquer um dos países de língua inglesa.

3.4 Instrumentos

Para realizar o presente estudo e chegar a resultados fiáveis, foi utilizado um questionário. O questionário assumiu a forma de uma escala de atitude de cinco pontos, do tipo Likert (CF Karavas - Doukas , 1996), com respostas a afirmações feitas numa escala de concordância de 1 a 5. As escolhas são ordenadas sob a forma de "concordo totalmente", "concordo", "neutro", "discordo" e "discordo totalmente".

O questionário incluía 23 perguntas sobre as percepções dos professores relativamente ao ensino integrado de competências linguísticas e ao ensino segregado de competências linguísticas. As perguntas foram divididas em três secções. Cada secção inclui sete itens. As primeiras sete perguntas investigavam as percepções dos professores relativamente à aprendizagem de inglês pelos alunos em ensino segregado e integrado de competências linguísticas. O segundo grupo de itens foi concebido para investigar as percepções dos professores relativamente à motivação dos alunos no ensino segregado e integrado das competências linguísticas. E o terceiro grupo investigou as percepções dos professores sobre os requisitos comunicativos dos alunos de Inglês utilizando abordagens segregadas e integradas. Duas perguntas repetidas foram incluídas no questionário como distractores para evitar respostas descuidadas.

3.5 Procedimento de investigação

Em primeiro lugar, foi necessário obter a aprovação formal da direção do departamento de educação para a recolha de dados. Em seguida, o objetivo e os requisitos do estudo foram explicados aos princípios das aulas em serviço, através de uma carta. Foram convidados a participar no estudo 60 professores de EFL (40 do sexo feminino e 20 do sexo masculino). Os objectivos do estudo e o produtor da aplicação foram discutidos numa reunião com os professores de inglês. As instruções foram dadas pelo investigador em formato oral e escrito. O investigador distribuiu pessoalmente os questionários entre os professores. Antes de fornecer os instrumentos, foi feita uma breve introdução sobre a investigação e os seus objectivos aos inquiridos.

Foi pedido aos inquiridos que lessem cuidadosamente as afirmações e indicassem a sua resposta assinalando a caixa adequada de acordo com os seus pontos de vista. O tempo médio para responder a todas as partes foi de cerca de vinte minutos. Foram também recolhidas algumas informações pessoais dos professores sobre o seu género, idade, experiência de ensino e habilitações literárias e profissionais.

3.6 Conceção da investigação

Como já foi referido, este estudo foi efectuado com o objetivo de investigar a preferência dos professores nas suas aulas que utilizam abordagens integradas e segregadas para alunos adultos de EFL em persa. De facto, este estudo foi realizado para avaliar o efeito destas duas abordagens na motivação, nos requisitos comunicativos e na aprendizagem dos alunos iranianos de EFL. Assim, para atingir este objetivo, foram propostas as seguintes questões.

1. De acordo com os professores, em que medida os alunos do oitavo ano conseguem cumprir os requisitos de inglês com base no ensino integrado ou segregado das competências linguísticas?

2. Segundo os professores, que abordagens de ensino das competências linguísticas podem satisfazer as necessidades comunicativas dos alunos do oitavo ano?

3. De acordo com os professores, a abordagem segregada ou integrada mantém a motivação dos alunos do oitavo ano elevada?

Tendo em conta as questões de investigação acima referidas, este estudo incluiu as abordagens segregada e integrada como variável independente, e as ideias dos professores de EFL sobre motivação, aprendizagem e comunicação como variável dependente. De facto, o desenho desta investigação foi quantitativo e descritivo. A análise dos dados foi efectuada através do software SPSS e os resultados obtidos a partir de cada questão foram interpretados individualmente pelo investigador.

3.7 Análise de dados

Todos os itens do questionário foram analisados utilizando o pacote estatístico para as ciências sociais (SPSS), versão 16. Uma vez que, neste estudo, havia apenas um grupo de participantes a responder a um único questionário, foi efectuada uma análise de teste de frequência do software SPSS para ver as diferenças entre os resultados da utilização destas duas abordagens de ensino das quatro competências linguísticas. De acordo com este tipo de análise, foi possível explorar diferentes percentagens de respostas para cada abordagem.

Capítulo 4

Este capítulo destina-se a revelar pormenores sobre o processo de análise de dados que foi efectuado no decurso da realização da investigação. A área sob investigação é novamente explicada de forma breve na secção 4.1. A tabela sobre a análise descritiva está representada na secção 4.2. Os resultados obtidos sobre o desempenho dos participantes na secção de aprendizagem são explicados nas secções 4.3 e 4.4, respetivamente. Além disso, as ideias dos professores sobre a aplicação de abordagens segregadas e integradas no ensino e as melhorias na motivação e na comunicação são apresentadas nas secções 4.5 e 4.6.

4.1 Panorama do estudo

Na abordagem de competências segregadas, o domínio de competências linguísticas discretas, como a leitura e a expressão oral, é visto como a chave para uma aprendizagem bem sucedida, e a aprendizagem da língua é normalmente separada da aprendizagem de conteúdos (Mohan, 1986). Os cursos orientados para as competências segregadas "têm a própria língua como o foco da instrução, na medida em que a ênfase excessiva em regras e paradigmas ensina aos alunos muito sobre a língua à custa do ensino da própria língua" (Brown, 2000, p.218). Frequentemente, as aulas segregadas de ESL / EFL apresentam o ensino em termos de estratégias de aprendizagem ligadas às competências: estratégias de leitura, estratégias de audição, estratégias de fala e estratégias de escrita (Peregoy & Boyle, 2001)

Por outro lado, a filosofia do ensino de competências integradas baseia-se no conceito de que, na experiência natural e quotidiana, a língua oral e a língua escrita não estão separadas e isoladas umas das outras (Finocchiaro & Bonomo, 1973; Peregoy & Boyle, 2001). Os defensores desta abordagem consideram que, se o objetivo do ensino e da aprendizagem das línguas é desenvolver a competência comunicativa dos aprendentes, uma abordagem global da língua, segundo a qual todas as competências são tratadas de uma forma mais inter-relacionada, deve estar no centro das aulas de 1.2 e, sempre que possível, devem ser integradas como acontece no uso real da língua.

Por conseguinte, este estudo teve como objetivo explorar a opinião dos professores de EFL sobre o efeito da aplicação destas duas abordagens na aprendizagem, motivação e comunicação dos alunos de EFL. Para o efeito, foi proposto a 60 professores de inglês um questionário que explorava as suas ideias nesta área. Os dados recolhidos foram analisados com recurso ao software SPSS. Os resultados obtidos são apresentados nas secções seguintes.

4.2 Conclusões descritivas

A fim de explorar a opinião dos sujeitos sobre a aplicação de estratégias e abordagens integradas, foi efectuada uma análise descritiva. A análise descritiva geral da opinião dos participantes sobre a aplicação destas duas tendências no ensino e o seu efeito na aprendizagem é apresentada na Tabela 4.1. Esta tabela revela o resultado das primeiras sete questões relacionadas com a aprendizagem. Como se ilustra na Tabela 4.1, na maioria dos casos (M1=4,18, M2=4,21, M3=4,45, M4=4,45, M7=4,30), os participantes consideraram as práticas integradas mais eficazes na aprendizagem do que as práticas segregadas.

4.1. Resultados descritivos dos itens que medem a aprendizagem

	N	Minimum	Maximum	Mean	Std. Deviation
VAR00001	60	2.00	5.00	4.1833	.81286
VAR00002	60	2.00	5.00	4.2167	.82527
VAR00003	60	2.00	5.00	4.4500	.72311
VAR00004	60	3.00	5.00	4.4500	.67460
VAR00005	60	1.00	5.00	3.6167	1.04300
VAR00006	60	1.00	5.00	3.7500	.96770
VAR00007	60	2.00	5.00	4.3000	.69624
Valid N (list wise)					

A Tabela 4.2 apresenta os resultados das segundas sete perguntas relacionadas com a motivação. Foi efectuada uma análise descritiva geral para avaliar a opinião dos participantes sobre a aplicação destas duas tendências no ensino e o efeito das mesmas na motivação, tal como ilustrado na Tabela 4.2. Em todos os casos, os participantes consideraram a prática integrada mais eficaz para aumentar a motivação dos alunos de EFL (M8=4,70, M9=4,16, M10=4,40, M11 = 4,36, M12 = 4,16, M13 = 4,23, M14 = 4,26).

4.2. Resultados descritivos dos itens que medem a motivação

	N	Minimum	Maximum	Mean	Std. Deviation
VAR00008	60	3.00	5.00	4.7000	49745
VAR00009	60	3.00	5.00	4.1667	.52615
VAR00010	60	4.00	5.00	4.4000	.49403
VAR00011	60	3.00	5.00	4.3667	.55132
VAR00012	60	2.00	5.00	3.1667	.69298
VAR00013	60	2.00	5.00	4.2333	.69786
VAR00014	60	1.00	5.00	4.2667	.77824
Valid N (list wise)	60				

A Tabela 4.3 revela o resultado das sete questões relativas ao aumento da capacidade de comunicação do aprendente de EFL. Esta tabela revela que quase em todos os casos (exceto M18=3,80), os participantes consideraram a prática integrada mais útil do que o estilo de ensino segregado.

4.3. Resultados descritivos dos itens que medem a comunicação

	N	Minimum	Maximum	Mean	Std. Deviation
VAR00015	60	2.00	5.00	4.5500	.67460
VAR00016	60	3.00	5.00	4.6667	.54202
VAR00017	60	3.00	5.00	4.3000	.61891
VAR00018	60	1.00	5.00	3.8000	1.2333
VAR00019	60	3.00	5.00	4.5000	.59660
VAR00020	60	2.00	5.00	4.1667	.84706
VAR00021	60	2.00	5.00	4.9500	.38730
Valid N (list wise)	60				

4.3 Efeito das abordagens segregada e integrada na aprendizagem

Como mencionado no capítulo 3, foi proposto um questionário para identificar a opinião dos professores de EFL sobre a aplicação das abordagens de ensino segregado e integrado. As primeiras sete questões diziam respeito à aplicação dessas abordagens e ao efeito delas sobre o ensino totalmente segregado (1) mostra que o professor era altamente favorável ao ensino segregado segregado (2) afirma que o professor ainda é a favor do ensino segregado. Mas não tão estritamente como o primeiro grupo. Comunicação de S & 1(3) mostra que o professor acredita que ambas as abordagens devem ser aplicadas em contexto de ensino. Integrado (4)n revela que o professor está mais interessado no ensino integrado. Totalmente integrado (5) afirma que o professor está muito interessado no ensino integrado

Por conseguinte, foi efectuada uma análise de frequência para cada um dos itens, a fim de identificar a percentagem de cada pontuação. A Tabela 4.4 representa a percentagem de cada pontuação relativa ao primeiro item sobre a aprendizagem. Como os números mostram, apenas 1,7% dos professores eram a favor do ensino segregado. 20% dos professores acreditavam na comunicação destas duas abordagens e 78,4% dos professores afirmaram que o ensino integrado pode resultar numa melhor aprendizagem.

4.4. Resultados de frequência dos itens que medem a aprendizagem

		Frequency	Percent	Valid percent	Cumulative percent
Valid	**Segregated**	1	1.7	1.7	1.7
	Combination of S & 1	12	20.0	20.0	21.7
	Integrated	22	36.7	36.7	58.3
	Totally integrated	25	41.7	41.7	58.3
	Total	60	100.0	100.0	

A Tabela 4.5 representa a percentagem de cada pontuação relativa ao segundo item sobre aprendizagem. Como se pode deduzir da tabela, apenas 50% dos professores estavam interessados no ensino segregado. Por outro lado, 10% dos professores acreditavam na combinação destas duas abordagens, e 85% dos professores eram a favor do ensino integrado.

4.5. Resultados de frequência para os itens que medem a aprendizagem

		Frequency	Percent	Valid percent	Cumulative percent
Valid	Segregated	3	5.0	5.0	5.0
	Combination of S & I	6	10.0	10.0	15.0
	Integrated	26	43.3	43.3	58.3
	Totally integrated	25	41.7	41.7	100.0
	Total	60	100.0	100.0	

A Tabela 4.6 representa as pontuações relativas ao terceiro item. Os números mostram que 3,3% dos professores eram a favor do ensino segregado. 3,3% dos professores acreditavam na combinação destas duas abordagens e 93,3% dos professores estavam interessados no ensino integrado.

4.6. Resultados de frequência para os terceiros itens que medem a aprendizagem

		Frequency	Percent	Valid percent	Cumulative percent
Valid	Segregated	2	3.3	3.3	3.3
	Combination of S & I	2	3.3	3.3	6.7
	Integrated	23	38.3	38.3	45.0
	Totally integrated	33	55.0	55.0	100.0
	Total	60	100.0	100.0	

A tabela 4.7 diz respeito ao quarto item que pergunta aos professores sobre a aplicação de abordagens integradas e segregadas no ensino. A tabela não contém qualquer secção dedicada ao ensino segregado. Isto significa que nenhum professor se interessou por esta abordagem ao ler esta pergunta. No entanto, 10% deles acreditavam na combinação destas abordagens e 90% eram a favor da aplicação da abordagem integrada no ensino.

4.7. Resultados de frequência para os quartos itens que medem a aprendizagem

		Frequency	Percent	Valid percent	Cumulative percent
Valid	Combination of S & I	6	10.0	10.0	10.0
	Integrated	21	35.0	35.0	45.0
	Totally integrated	33	55.0	55.0	100.0
	Total	60	100.0	100.0	

Os resultados obtidos a partir do quinto item estão representados na Tabela 4.8. 15% dos professores preferem ensinar diferentes competências aplicando uma abordagem separada, e 20% deles estão dispostos a utilizar ambas as abordagens no ensino de uma segunda língua. Por outro lado, 65% dos participantes preferem ensinar as competências utilizando uma abordagem integrada.

4.8. Resultados de frequência para os quintos itens que medem a aprendizagem

		Frequency	Percent	Valid percent	Cumulative percent
Valid	Totally segregated	3	5.0	5.0	5.0
	Segregated	6	10.0	10.0	15.0
	Combination of S & I	12	20.0	20.0	35.0
	Integrated	29	48.3	48.3	83.3
	Totally integrated	10	16.7	16.7	100.0
	Total	60	100.0	100.0	

A Tabela 4.9 representa a pontuação relativa ao sexto item. Os resultados estatísticos revelam que 11,7% dos professores eram a favor do ensino segregado. 21,3% dos professores acreditavam na comunicação destas duas abordagens, e 67% dos professores eram a favor do ensino integrado.

4.9. Resultados de frequência para os sextos itens que medem a aprendizagem

		Frequency	Percent	Valid percent	Cumulative percent
Valid	Totally segregated	1	1.7	1.7	1.7
	Segregated	6	10.0	10.0	11.7
	Combination of S & I	13	21.3	21.3	33.0
	Integrated	27	45.0	45.0	78.0
	Totally integrated	13	21.7	22.0	100.0
	Total	60	100.0	100.0	

A Tabela 4.10 diz respeito ao sétimo item que questiona os professores sobre a aplicação de abordagens integradas e segregadas no ensino. 1,7% dos professores estavam interessados na abordagem segregada relativamente a esta questão. No entanto, 8,3% deles acreditavam na comunicação destas abordagens e 90% eram a favor da aplicação da abordagem integrada no ensino.

4.10. Resultados de frequência para os sétimos itens que medem a aprendizagem

		Frequency	Percent	Valid percent	Cumulative percent
Valid	Segregated	1	1.7	1.7	11.7
	Combination of S & I	5	8.3	8.3	10.0
	Integrated	29	48.3	48.3	58.3
	Totally integrated	25	41.7	41.7	100.0
	Total	60	100.0	100.0	

Como mencionado anteriormente, a Figura 4.1 demonstra o desempenho dos participantes relativamente a estas duas abordagens no ensino de EFL. As barras nesta figura mostram a pontuação obtida em cada item. Como se pode deduzir, a maioria dos professores participantes neste estudo estava mais interessada na aplicação de uma abordagem integrada no ensino de diferentes competências (a maioria das barras ultrapassa o número 4).

4.1. Gráfico de barras representando resultados de frequência para itens de aprendizagem

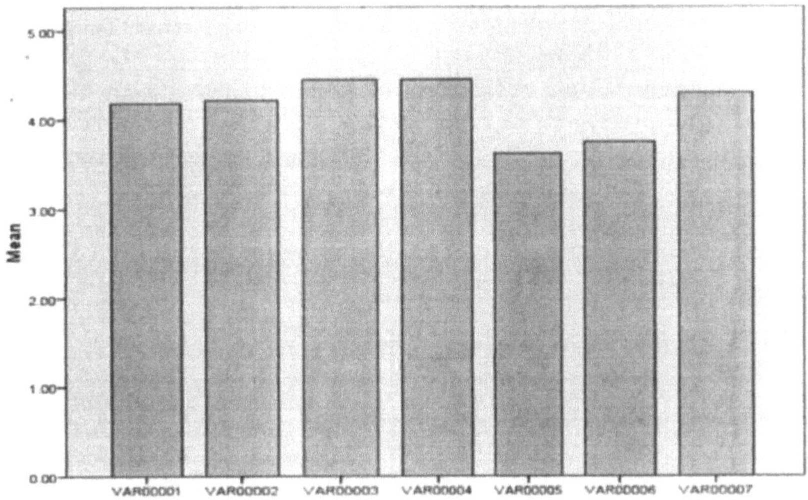

4.4 Efeito das abordagens segregada e integrada na motivação

A segunda parte do questionário era também composta por sete itens e foi proposta com o objetivo de identificar o efeito da aplicação destas abordagens na aprendizagem dos alunos. Totalmente segregado (1) mostra que o professor acredita que o ensino segregado irá promover fortemente a motivação dos alunos de EFL. segregado (2) afirma que o professor ainda é a favor do ensino segregado, mas não tão estritamente como o primeiro grupo. Combinação de S& 1(3) mostra que o professor acredita que ambas as abordagens devem ser aplicadas no contexto de ensino, a fim de aumentar a motivação. Integrado (4) revela que o professor pensa que o ensino integrado pode melhorar a motivação. Por fim, totalmente integrado (5) afirma que o professor está altamente interessado no ensino como uma abordagem que promove a motivação do EFL. Por conseguinte, foi efectuada uma análise de frequência para cada um dos itens, a fim de identificar a percentagem de cada pontuação. A Tabela 4.11 representa as pontuações relativas ao primeiro item que mede a motivação. Os resultados estatísticos revelam que nenhum dos professores era a favor de uma abordagem segregada a ser aplicada exclusivamente no contexto de ensino. Além disso, apenas 1,7% dos professores acreditavam na comunicação destas duas abordagens. Por outro lado, 98,3% dos professores eram a favor do ensino integrado.

4.11. Resultados de frequência para os primeiros itens que medem a motivação

		Frequency	Percent	Valid percent	Cumulative percent
Valid	Combination of S & 1	1	1.7	1.7	1.7
	Integrated	16	26.6	26.6	28.3
	Totally integrated	43	71.7	71.7	100.0
	Total	60	100.0	100.0	

A Tabela 4.12 representa a percentagem de cada pontuação relativa ao segundo item sobre motivação. Como se pode deduzir da tabela, apenas 6,7% dos professores eram a favor da combinação destas duas abordagens nas suas aulas. Por outro lado, 93,7% dos professores estavam interessados no ensino integrado (mais uma vez, ninguém acredita no ensino segregado).

4.12. Resultados de frequência para os segundos itens que medem a motivação

		Frequency	Percent	Valid percent	Cumulative percent
Valid	Combination of S & 1	4	6.7	6.7	6.7
	Integrated	42	70.0	70.0	76.7
	Totally integrated	14	23.3	23.3	100.0
	Total	60	100.0	100.0	

A tabela 4.13 diz respeito ao terceiro item que pergunta aos professores sobre a aplicação de abordagens integradas e segregadas no ensino e os efeitos correspondentes na promoção da motivação. A tabela não tem nenhuma secção dedicada ao ensino segregado. Além disso, ninguém acreditava na combinação de abordagens segregadas e integradas no ensino. No entanto, todos (100%) eram a favor da aplicação da abordagem integrada no ensino.

4.13. Resultados de frequência para os terceiros itens que medem a motivação

		Frequency	Percent	Valid percent	Cumulative percent
Valid	Integrated	36	60.0	60.0	60.0
	Totally integrated	24	40.0	40.0	100.0
	Total	60	100.0	100.0	

Os resultados obtidos a partir do quarto item estão representados na tabela 4.14. Nenhum dos professores preferiu ensinar competências diferentes aplicando uma abordagem separada, e apenas 3,3% deles estavam dispostos a utilizar ambas as abordagens no ensino de uma segunda língua, a fim de aumentar a motivação dos alunos. Por outro lado, 96,7% dos participantes acreditam que o ensino das competências utilizando uma abordagem integrada pode aumentar a motivação dos alunos.

4.14. Resultados de frequência para os quartos itens que medem a motivação

		Frequency	Percent	Valid percent	Cumulative percent
Valid	Combination of S & I	2	3.3	3.3	3.3
	Integrated	34	56.7	56.7	60.0
	Totally integrated	24	40.0	40.0	100.0
	Total	60	100.0	100.0	

Os números estatísticos que representam os resultados obtidos a partir do quinto item estão representados na tabela 4.15.1,7% dos professores preferiam ensinar diferentes competências aplicando uma abordagem segregada e 11,6% das respostas diziam respeito à aplicação de ambas as abordagens no ensino de uma segunda língua. Por outro lado, 86,7% dos participantes afirmaram que o ensino das competências utilizando uma abordagem integrada pode melhorar a motivação dos aprendentes.

4.15. Resultados de frequência para os quintos itens que medem a motivação

		Frequency	Percent	Valid percent	Cumulative percent
Valid	Segregated	1	1.7	1.7	11.7
	Combination of S & I	7	11.7	11.6	13.3
	Integrated	33	55.0	55.0	68.3
	Totally integrated	19	31.7	31.7	100.0
	Total	60	100.0	100.0	

Como se pode deduzir, a tabela 4.10 diz respeito ao sexto item que pergunta sobre a aplicação de abordagens integradas e segregadas no ensino. 1,7% dos professores mostraram-se interessados na abordagem segregada. No entanto, 10% deles acreditavam na combinação das abordagens segregada e intencional. A abordagem integrada foi considerada uma das melhores abordagens para o ensino, e 88,3% dos professores eram a favor da aplicação da abordagem integrada no ensino para aumentar a motivação.

4.16. Resultados de frequência para os sextos itens que medem a motivação

		Frequency	Percent	Valid percent	Cumulative percent
Valid	Segregated	1	1.7	1.7	1.7
	Combination of S & I	6	10.0	10.0	11.7
	Integrated	31	51.7	51.6	63.3
	Totally integrated	22	36.7	36.7	100.0
	Total	60	100.0	100.0	

A Tabela 4.17 diz respeito ao sétimo item que pergunta aos professores sobre a aplicação de abordagens integradas e segregadas no ensino e o efeito correspondente na motivação dos alunos de EFL. 3,3% dos professores estavam interessados na abordagem segregada relativamente a esta questão. No entanto, 5% deles acreditavam na combinação destas abordagens, e 91,7% acreditavam na aplicação da abordagem integrada no ensino.

4.17. Resultados de frequência para os sétimos itens que medem a motivação

		Frequency	Percent	Valid percent	Cumulative percent
	Totally Segregated	1	1.7	1.7	1.7
Valid	Segregated	1	1.7	1.6	3.3
	Combination of S & I	3	5.0	5.0	8.3
	Integrated	31	51.7	51.7	60.0
	Totally integrated	24	40.0	40.0	100.0
	Total	60	100.0	100.0	

Os números estatísticos apresentados na tabela acima são representados visualmente na figura 4.2. Esta tabela demonstra a opinião dos participantes relativamente à aplicação destas duas abordagens no ensino de EFL e o correspondente efeito na motivação do aprendente. As barras nesta figura mostram as pontuações obtidas em cada item. Como se pode deduzir, a maioria dos professores estava mais interessada na aplicação de uma abordagem integrada para o ensino de diferentes competências (todas as barras ultrapassam o número 4). De facto, em alguns casos, não houve resposta quanto à utilização de uma abordagem segregada no ensino, e os professores acreditaram que o ensino integrado pode motivar os alunos muito melhor do que a outra abordagem.

4.2. Gráfico de barras representando os resultados de frequência dos itens de motivação

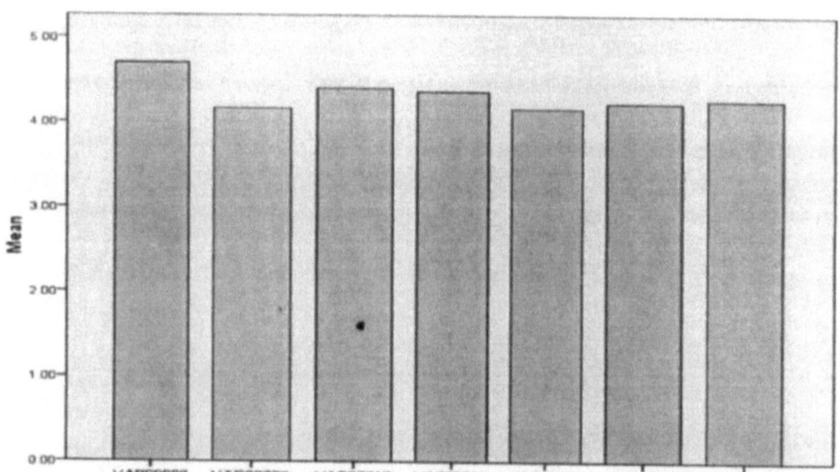

4.5 Efeito das abordagens segregada e integrada na comunicação

Um dos objectivos deste estudo era identificar a opinião dos professores sobre os efeitos da aplicação destas abordagens na capacidade de comunicação do aluno. Sete itens, neste questionário, diziam respeito aos efeitos das abordagens segregada e integrada na melhoria da capacidade de comunicação do aluno numa língua estrangeira. Utilizando a escala de Likert, foram também desenvolvidas cinco classificações para estes itens. Totalmente segregado (1) mostra que o professor acredita que o ensino segregado irá promover fortemente a capacidade de comunicação dos alunos de EFL em inglês. Segregado (2) afirma que o professor ainda é a favor do ensino segregado, mas não tão rigorosamente como o primeiro grupo. Combinação de S & 1 (3) mostra que o professor acredita que ambas as abordagens devem ser aplicadas no contexto de ensino, a fim de aumentar a capacidade de combinação. Integrado (4) revela que o professor considera que o ensino integrado pode melhorar a capacidade de comunicação dos alunos. Finalmente, totalmente integrado (5) afirma que o professor está muito interessado no ensino integrado como uma abordagem que promove a combinação dos aprendentes de EFL.

Por conseguinte, foi efectuada uma análise de frequência para cada um dos itens, a fim de identificar a percentagem de cada pontuação. Os resultados estatísticos apresentados na tabela 4. 18 revelam que apenas 1,7 das respostas eram a favor de que a abordagem segregada fosse aplicada exclusivamente no contexto de ensino. Além disso, 5% dos professores acreditavam na combinação destas duas abordagens. Por outro lado, 93,3% dos professores eram a favor do ensino integrado como uma abordagem que pode melhorar a capacidade de comunicação dos alunos.

4.18. Resultados de frequência para os primeiros itens que medem a comunicação

		Frequency	Percent	Valid percent	Cumulative percent
Valid	Segregated	1	1.6	1.6	1.7
	Combination of S & 1	3	4.8	5.0	6.7
	Integrated	18	29.0	30.0	36.7
	Totally integrated	38	61.3	63.3	100.0
	Total	60	96.8	100.0	
Missing	System	2	3.2		
Total		62	100.0		

A tabela 4.19 diz respeito ao segundo item que pergunta aos professores sobre a aplicação de abordagens integradas e segregadas no ensino e o efeito correspondente na promoção da capacidade de comunicação. A tabela não contém qualquer secção dedicada ao ensino segregado. Além disso, apenas 3,3% dos professores acreditam na combinação de abordagens segregadas e integradas no ensino. No entanto, 96,7% dos professores eram a favor da aplicação da abordagem integrada no ensino.

4.19. Resultados de frequência para os primeiros itens que medem a comunicação

		Frequency	Percent	Valid percent	Cumulative percent
Valid	Combination of S & I	2	3.2	3.3	3.3
	Integrated	16	25.8	26.7	30.0
	Totally integrated	42	67.7	70.0	100.0
	Total	60	96.8	100.0	
Missing	System	2	3.2		
Total		62	100.0		

Os números representados na tabela 4.20 dizem respeito ao terceiro item que perguntava sobre a aplicação destas duas abordagens para melhorar a comunicação. 8,3% das respostas mostram que os professores acreditam na combinação do ensino segregado e integrado. Por outro lado, 91,6% afirmam que o ensino integrado pode ser mais eficaz.

4.20. Resultados de frequência para os terceiros itens que medem a comunicação

		Frequency	Percent	Valid percent	Cumulative percent
Valid	Combination of S & I	5	8.1	8.3	8.3
	Integrated	32	51.6	53.3	61.7
	Totally integrated	23	37.1	38.3	100.0
	Total	60	96.8	100.0	
Missing	System	2	3.2		
Total		62	100.0		

Os resultados da leitura do quarto item estão representados na tabela 4.21 20% dos professores preferiam ensinar diferentes competências aplicando uma abordagem separada para melhorar a comunicação e 11,7% deles utilizavam ambas as abordagens no contexto do ensino de uma segunda língua. Por outro lado, 68,4% dos participantes acreditam que o ensino das competências utilizando uma abordagem integrada pode melhorar a capacidade de comunicação dos alunos.

4.21. Resultados de frequência para os quartos itens que medem a comunicação

		Frequency	Percent	Valid percent	Cumulative percent
Valid	Totally segregated	3	4.8	5.0	5.0
	Segregated	9	14.5	15.0	20.0
	Combination of S & I	7	11.3	11.7	31.7
	Integrated	19	30.6	31.7	63.3
	Totally integrated	22	35.5	36.7	100.0
	Total	60	96.8	100.0	
Missing	System	2	3.2		
Total		62	100.0		

A Tabela 4.22 representa a percentagem de cada pontuação relativa ao quinto item sobre comunicação. Como se pode deduzir da tabela, apenas 5% dos professores eram a favor da combinação destas duas abordagens nas suas aulas. No entanto, 95% dos professores estavam interessados no ensino integrado (mais uma vez, ninguém acredita no ensino segregado).

4.22. Resultados de frequência para os quintos itens que medem a comunicação

		Frequency	Percent	Valid percent	Cumulative percent
Valid	Combination of S & I	3	4.8	5.0	5.0
	Integrated	24	38.7	40.0	45.0
	Totally integrated	33	53.2	55.0	100.0
	Total	60	96.8	100.0	
Missing	System	2	3.2		
Total		62	100.0		

Os resultados obtidos a partir do sexto item estão representados na tabela 4.23. 1,7% dos professores preferem ensinar diferentes competências aplicando uma abordagem segregada e 23,3% deles estão dispostos a utilizar ambas as abordagens no ensino de uma segunda língua. Por outro lado, 75% dos participantes preferem ensinar as competências utilizando uma abordagem integrada.

4.23. Resultados de frequência para os sextos itens que medem a comunicação

		Frequency	Percent	Valid percent	Cumulative percent
Valid	Segregated	1	1.6	1.6	1.7
	Combination of S & I	14	22.6	23.3	25.0
	Integrated	19	30.6	31.7	56.7
	Totally integrated	26	41.9	43.3	100.0
	Total	60	96.8	100.0	
Missing	System	2	3.2		
Total		62	100.0		

Os resultados do item são ilustrados na tabela 4.24. 1,7% dos professores preferiam ensinar diferentes competências aplicando uma abordagem segregada e nenhum deles estava disposto a utilizar ambas as abordagens no ensino de uma segunda língua. No entanto, 98,3% dos participantes preferem ensinar as competências utilizando uma abordagem integrada como forma de melhorar a capacidade de comunicação dos alunos.

4.24. Resultados de frequência para os sétimos itens que medem a comunicação

		Frequency	Percent	Valid percent	Cumulative percent
Valid	Segregated	1	1.6	1.7	1.7
	Totally integrated	59	95.2	98.3	100.0
	Total	60	96.8	100.0	
Missing	System	2	3.2		
Total		62	100.0		

O gráfico de barras que ilustra o resultado estatístico da terceira parte (comunicação) está representado na Figura 4.3. Esta figura demonstra o desempenho dos participantes relativamente à aplicação destas duas abordagens no ensino de EFL e à melhoria da comunicação. As barras dessa figura mostram as pontuações obtidas em cada item. Como se pode deduzir, a maioria dos professores participantes neste estudo estava mais interessada na aplicação de uma abordagem integrada que ensinasse diferentes competências (todas as barras, exceto uma, ultrapassam o número 4).

4.3. Gráfico de barras que representa os resultados de frequência dos itens de comunicação

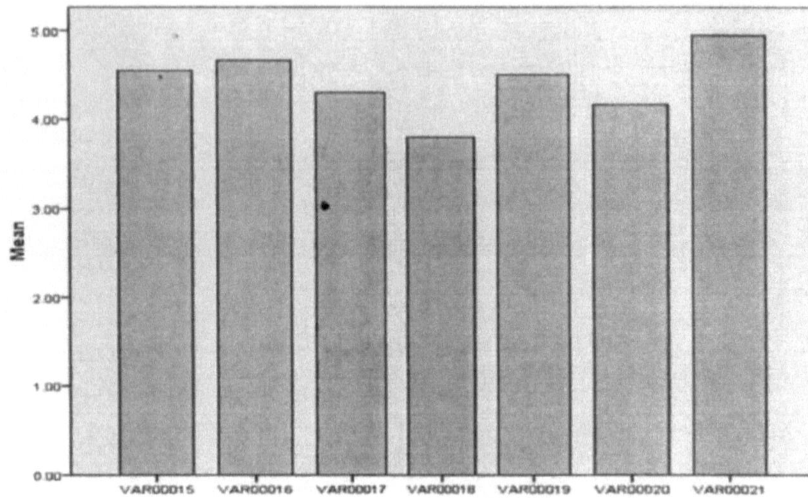

Capítulo 5

Na primeira parte do capítulo 5, secção 5.1, é apresentada uma revisão do problema em estudo, as questões de investigação são reafirmadas e as principais conclusões são resumidas em termos da sua relação com as questões de investigação. Em seguida, na secção 5.2, a interpretação subjacente aos resultados é discutida e comparada com outros estudos.

5.1 Reformulação do problema

De facto, mesmo que um professor passe a maior parte do dia na sala de aula, a componente de ensino propriamente dita é apenas uma parte do seu trabalho. Um professor eficaz compreende que o ensino envolve o uso de vários chapéus para garantir que o dia escolar decorra sem problemas e que todos os alunos recebam uma educação de qualidade. Os professores acompanham os alunos em todas as fases do seu desenvolvimento. Os professores (especialmente os professores de línguas) estão preparados para se tornarem uma das pessoas mais influentes na vida dos alunos.

Por conseguinte, podem ser bons juízes, prevendo ou relatando o efeito de diferentes abordagens na aprendizagem dos alunos de EFL. Por outro lado, existem centenas de abordagens e métodos no ensino das línguas que podem ser aplicados em diferentes circunstâncias. As abordagens segregadas e integradas fazem parte do grande grupo de abordagens ao ensino das línguas. Foram discutidas e investigadas durante as últimas décadas por alguns investigadores. Na abordagem segregada de competências, o domínio de competências linguísticas distintas, como a leitura e a expressão oral, é visto como a chave para uma aprendizagem bem sucedida, e a aprendizagem de línguas é normalmente separada da aprendizagem de conteúdos (Mohan, 1986). Isto é contrário à forma integrada como as pessoas utilizam as competências linguísticas na comunicação normal.

Este estudo tem por objetivo explorar a opinião dos professores de EFL sobre os efeitos da aplicação. A fim de atingir os objectivos pretendidos, foram propostas as seguintes questões:

1. Segundo os professores, em que medida os alunos do oitavo ano conseguem cumprir os requisitos de inglês com base no ensino integrado ou segregado das competências linguísticas?
2. Segundo os professores, que abordagens de ensino das competências linguísticas podem satisfazer as necessidades comunicativas do aluno do oitavo ano?
3. De acordo com os professores, a abordagem integrada ou segregada mantém a motivação dos alunos ingleses do oitavo ano elevada?

Em seguida, a fim de responder a estas questões, foi efectuada uma análise estatística utilizando o software SPSS. As interpretações são aqui apresentadas.

5.2 Discussão

Nesta secção, são apresentadas as conclusões obtidas através da análise estatística dos dados. O desempenho geral do questionário é explorado. De facto, o investigador estava preocupado com a opinião dos professores sobre o efeito das abordagens segregada e integrada na motivação, na aprendizagem e na comunicação dos alunos de EFL.

5.2.1 Opinião do professor sobre o efeito das duas abordagens na motivação

Tal como já foi referido, um terço das questões propostas neste estudo diziam respeito à motivação dos alunos utilizando abordagens de ensino de competências integradas e segregadas. Os resultados numéricos apresentados no quarto capítulo mostram que os professores acreditam que o ensino integrado de competências pode motivar muito os alunos iranianos de EFL. As ideias apresentadas pelos participantes neste estudo estão de acordo com Carrol (1985) e Crookes e Schmidt (1989). De acordo com estes dois estudos, o ensino integrado das línguas é fundamental para a motivação dos alunos. As estatísticas apresentadas no capítulo 4 mostram que, na maioria dos itens que medem a motivação (quase todos, exceto o último), mais de 95% das pontuações médias são dedicadas ao efeito da abordagem integrada na motivação.

5.2.2 Opinião do professor sobre o efeito das duas abordagens na aprendizagem

Outro grupo de questões propostas nos questionários dizia respeito ao efeito das abordagens integradas e segregadas na aprendizagem. Os professores que participaram neste estudo mostraram-se favoráveis às abordagens integradas em vez das segregadas e aos seus efeitos na aprendizagem. De facto, mais de 80% das pontuações médias em cada item são dedicadas ao efeito do ensino integrado de competências na aprendizagem. Estes resultados estão de acordo com as ideias propostas por Nunan (1992b) e Ellis (2009). No entanto, há alguns académicos (Richards e Rodgers, 2001; Hatip, 2005; Swan, 2005; Widdowson, 2003) que discordam deste tipo de ponto de vista e acreditam que a abordagem segregada pode ser mais útil para melhorar cada competência. Por conseguinte, existe uma controvérsia e um dilema, nesta área, entre professores e académicos.

5.2.3 Opinião do professor sobre o efeito das duas abordagens na comunicação

De acordo com os resultados, os professores que participaram neste estudo são a favor do efeito influente da abordagem de ensino integrado na comunicação. Os resultados numéricos mostram que pelo menos 60% dos participantes assinalaram o ensino de competências integrado ou totalmente integrado como sendo eficaz para melhorar a comunicação dos alunos iranianos de EFL. Estes resultados coincidem com as ideias propostas por alguns académicos, como Mohan (1986), Richard (2002) e Richard & Rodgers (2001).

5.3 Conclusão

Este estudo foi realizado com o objetivo de investigar a opinião dos professores sobre a aquisição de quatro competências linguísticas pelos alunos iranianos de EFL, de acordo com duas perspectivas no ensino do inglês como língua estrangeira. A fim de cumprir os objectivos acima mencionados, foram propostas algumas questões de investigação.

A primeira questão de investigação prendia-se com a medida em que os alunos do oitavo ano podem cumprir os seus requisitos de inglês com base no ensino integrado ou segregado das competências linguísticas. Esta questão prendia-se com o efeito destas duas abordagens na aprendizagem. Explorando o conjunto de dados obtidos, foi revelado que os professores consideravam que o desempenho dos alunos na nova língua melhorava substancialmente quando utilizavam a abordagem integrada no ensino.

Relativamente à segunda questão, que se prendia com o efeito destas duas abordagens na comunicação, foi revelado que os professores acreditavam que os alunos das salas de aula de ensino integrado não só conseguiam comunicar com sucesso, como também superavam os das salas de aula de ensino segregado.

Por outro lado, a terceira questão abordava o papel das abordagens de ensino de competências segregadas e integradas na motivação dos alunos. Os resultados obtidos através da realização e análise dos questionários mostram que cerca de 95% dos participantes acreditam que a abordagem integrada pode motivar mais os alunos iranianos de EFL. De facto, apenas um número insignificante de participantes era a favor da abordagem segregada. De um modo geral, os resultados demonstraram que os alunos de EFL parecem ser altamente afectados pela abordagem integrada.

5.4 Implicações pedagógicas

Este estudo pode motivar os investigadores a efectuarem outras análises e estudos experimentais sobre a aplicação de abordagens segregadas e integradas na aprendizagem de uma segunda língua por aprendentes persas de EFL. Pode atrair os princípios educativos e de conceção de cursos para os efeitos significativos de algumas abordagens educativas na aquisição do aprendente. A propósito, as principais implicações deste estudo podem ser apresentadas da seguinte forma:

5.4.1 Implicações para o ensino e a formação de professores

Este estudo debruçou-se principalmente sobre os problemas causados pelas deficiências pedagógicas no domínio da aprendizagem de línguas. Apesar da existência de dezenas de métodos, os aprendentes de EFL são obrigados a confiar nas velhas formas de aprendizagem das línguas (cada competência é ensinada e aprendida de acordo com os velhos métodos de aprendizagem). De facto, os alunos de EFL são deixados sozinhos num ambiente artificial (abordagem segregada), o que pode ser um desafio para um grande número de alunos. Por conseguinte, seria uma boa ideia fornecer técnicas aplicáveis à aquisição de línguas que possam ser mais acessíveis e comutativas (abordagem integrada) para os alunos de EFL.

Por conseguinte, os resultados obtidos neste estudo podem constituir uma base para os académicos que pretendam conhecer as ideias dos professores (que estão profundamente envolvidos no processo de ensino) sobre a aplicação de diferentes abordagens educativas. Os resultados mostram a tendência dos professores para as abordagens de aquisição de competências. Para além disso, as ideias fornecidas por estes professores experientes podem ser apresentadas aos professores de armadura em sessões de formação de professores e aos educadores em diferentes níveis de ensino de línguas.

5.4.2. Implicações para o desenvolvimento de materiais

Uma vez que o programa do manual de Inglês do oitavo ano se baseia na abordagem comunicativa, a versão antiga desse livro baseava-se na GTM. Descobrimos que os actuais professores de inglês experimentaram os dois manuais com perspectivas diferentes, ou seja, a versão antiga do manual baseava-se mais ou menos numa abordagem segregada, enquanto a atual é integrativa. Por conseguinte, a inclusão dos pontos de vista dos professores através de um questionário pode ser útil. Por outras palavras, as opiniões dos professores recolhidas através do questionário poderiam esclarecer se a abordagem segregada ou a integrativa motivaria e melhoraria os resultados dos alunos em inglês.

Fornecer os materiais a serem ensinados é considerado uma das responsabilidades dos projectistas de cursos e dos criadores de materiais. Por conseguinte, espera-se que o departamento de educação faça com que os autores de materiais incluam mais tarefas com especial atenção às abordagens integradas. Poderiam incluir algumas diretrizes sobre a aplicação de tarefas integradas de competências para alunos de EFL com diferentes níveis de proficiência. Podem também ser introduzidas novas tendências sobre como ensinar e aprender diferentes competências de uma forma mais facilitada.

Além disso, os aprendentes de EFL não estão maioritariamente expostos a textos autênticos para descobrirem as estruturas vocabulares mais prováveis numa situação natural.

5.5 Sugestões para investigação futura

Uma vez que os estudos relacionados com a aquisição de línguas através de abordagens tradicionais e comunicativas ainda se encontram na fase inicial, existem muitas limitações e lacunas relativamente à aplicação de novas tendências no ambiente educativo. Algumas destas limitações neste domínio são apresentadas com o objetivo de abrir caminho para que outros investigadores realizem novas pesquisas. Espera-se que os pontos relatados neste estudo ajudem e incentivem outros a investigar mais sobre as questões aqui levantadas.

Este estudo limitou-se a um grupo de professores. Assim, deixa um espaço vazio para a realização de investigações semelhantes, de modo a incluir diferentes grupos de professores de inglês (professores que ensinam em escolas, institutos e universidades). Para além disso, o estudo recente apenas se preocupou com o processo geral de aquisição de línguas. Podem ser realizados outros estudos que investiguem a perceção e a produção de novos vocabulários, estruturas gramaticais e pontos pragmáticos, utilizando abordagens segregadas e integradas.

Os efeitos de algumas variáveis pessoais como a inteligência, o conhecimento pragmático da L1 e a exposição a materiais autênticos na aplicação destas duas abordagens podem ser investigados pelos investigadores atraídos.

A acessibilidade da sala de aula e a capacidade de aprendizagem das abordagens segregadas e integradas, bem como as suas funções, podem ser exploradas a fim de descobrir os obstáculos e as oportunidades de ensino de cada abordagem. As questões propostas são apenas algumas áreas importantes a considerar e as que ficam em aberto para investigação futura. Existem ainda muitas lacunas no que respeita à aplicação de cada abordagem no ambiente de ensino.

5.6 Limitações e delimitações do estudo

O presente estudo apenas se preocupou com a exploração descritiva e analítica da opinião dos professores iranianos de inglês EFL sobre abordagens segregadas. No entanto, devido à falta de tempo e de recursos, as tarefas foram concebidas principalmente para avaliar ideias particulares neste caso, e o desempenho real destes professores não foi a preocupação deste estudo.

Além disso, o investigador teve acesso a um número limitado de professores de inglês. É possível aplicar o questionário a professores de inglês de diferentes regiões para que os resultados sejam mais generalizáveis.

Como outra limitação, é de referir que o investigador não teve acesso a professores que ensinam em diferentes fases de aquisição. De facto, os institutos e organizações relacionados não cooperam com os investigadores.

Referências

Abuja, O.P. & Jahangir, J.M. (2003). Uma Abordagem Integrada ao Ensino e Aprendizagem da Matemática Universitária. *Journal of the Korea Society of Mathematical Education Series Research in Mathematical Education,* 7(1). PP.11-24.

Aldhmani, D. (2007). A abordagem integrada do ensino da língua árabe: It's Principles and Educational Application Paper presented to the first international conference of the Arabic language and its literature, International Institute for Muslim Unity (IIMMU), Malaysia.

Almarza, G.G. (1996). Student Foreign Language Teachers' Knowledge Growth. Em D. Freeman & J.C. Richards (Eds), *Teacher learning in language teaching*. PP.5078. Cambridge, Reino Unido: Cambridge University Press.

Aydogan, H. (2014). As Quatro Competências Linguísticas Básicas, a Abordagem da Linguagem Completa e da Competência Integrada em Salas de Aula Universitárias na Turquia. *Mediterranean Journal of Social Sciences MCSER Publishing, Roma - Itália.* 5(9) .PP. 672-680.

Aljiffri, I.H. (2010). Efeitos da Abordagem Integrada ao Ensino de Inglês e Estudos Sociais no desempenho numa Escola Primária Privada Saudita. *Jornal de Ciências da Educação e da Psicologia,* 4(11).pp.12-3.

Bailey , K.M. , Berthgold , B., Braunstein , Jagodzinski , N., Fleischman , M.P., Holbrook , J. T., Waissbluth , X., & Zambo , L.J.(1996) . A Autobiografia dos Estudantes de Línguas: Examinando a aprendizagem da observação. Em D. Freeman & J.C. Richards (Eds), *Teacher learning in language teaching*. Pp.11-29.Cambridge, UK: Cambridge University Press.

Baleghizadeh,S. (2010). Focus on From in an EFL Communicative Classroom. Novitas - ROYAL. *Investigação sobre Juventude e Linguagem,* 4(1), pp.119-128

Basturkmen, H., Lowewen, S., & Ellis, R. (2004). Teachers Stated Beliefs about Incidental Focus on Form and Their Classroom Practices. *Applied Linguistics*, 25(2), pp.243-272.

Blanton, L.L (1992). A Holistic Approach to College ESL: integrated Language and Content (Uma abordagem holística ao ensino superior de inglês como língua e conteúdo). *ELT Journal*. 46(3), p.p.285-293; doi 10.1093/elt/46.3.285.

Borg, S. (2003a). Teacher Cognition in Language Teaching: A Review of Research on What Language Teachers Think. Know, Believe, and Do. *Language Teaching*, 36(2), pp.81-109.

Boz, N. (2008). As crenças dos professores de matemática turcos em serviço sobre o ensino da matemática. *Australian Journal of Teacher Education*, 33(5), pp.66-80.

Breen, M.P., Hird, B., Milton, M., Oliver, R., & Thwaite, A. (2001) Making Sense of Language Teaching Teachers Principles and Classroom Practices. *Applied Linguistics*, 22(4), pp.470-501.

Brinton, D.M., Snow, M.A., & Wesche, M.B., (1989). Content - based Second Language Instruction (Ensino de segunda língua baseado em conteúdos) Nova Iorque: Newbury House /Harper & Row.

Brown, H.D (2000). Principles of Language Learning and Teaching. Nova Iorque, MA: Pearson Education.

Burgess, J., & Etherington, S. (2002). Foco na forma gramatical: Explicit or Implicit? System, 30(4), PP.433-458.

Candling, Cr. N. (1978). O Ensino Comunicativo do Inglês. Mu nchen: Langenscheidt Longman. Alemanha.

Cantoni - Harvey, G. (1987) . Ensino de línguas da área comum: Approaches and strategies. Reading, MA: Addison - Wesley.

Carroll, J. (1985). Second - Unpare Abilities. Em RI Sternberg (ed.) Human Abilities. New York: Freeman and Company, PP.83-101.

Chamot, A.U., & O'Malley, J.M. (1994). The CALLA handbook: Implementing the Cognitive Academic Language Learning Approach. Reading, MA: Addison Wesley.

Crookes, G. & Schmidt, R.W. (1989). Motivation: Reopening the Research Agenda. *Journal of Research in Language Studies,* 41(4). PP.469-512

Cumming, A. (1989). Concepções de currículo dos estudantes de pedagogia: Toward an understanding of language - teacher development. *TESL Canada Journal,* 7(1), pp.33-51.

Doughty, C., & Varela, E. (1998). Foco comunicativo na forma. Em C. Doughty, & J. Williams (Eds.), Focus on form in classroom second language acquisition. Cambridge: Cambridge University Press, Pp.114-138.

Doughty, C., & Williams, J. (1998). Issues and Terminology. Em C. Doughty e J. Williams (eds.), Focus on form in classroom second language acquisition Cambridge: Cambridge University Press. PP.1-11

Ellis, R. (2006). Questões actuais no ensino da gramática: uma perspetiva de ASL. *TESOL Quarterly*, 40 (1), PP.83-107.

Ellis, R. (2009). Task - based Language Teaching: Sorting out the Misunderstandings. *Revista Internacional de Linguística Aplicada*, 19(3), PP.221246.

Freeman, D. (1992). Language Teacher Education, Emerging Discourse and Change in

Classroom Practice (Formação de Professores de Línguas, Discurso Emergente e Mudança na Prática de Sala de Aula). Em J. Flower dew, M. Brock, & S. Hsia (Eds) , *Perspectives on second language teacher education* . Pp.1-21. Hong Kong, SAR: City University of Hong Kong.

Freeman, D.(2002). O lado oculto do trabalho: Teacher Knowledge and Learning to Teach. Um ensino de línguas. *Language Teaching*, 35(1), Pp.1-13.

Freeman & Richards, J.C., (2001). Teacher Learning and Students Learning in TESOL. *TESOL Quarterly*, 35(4). PP.608-609.

Golombek, P.R. (1998). Um estudo sobre o conhecimento prático pessoal dos professores de línguas. *TESOL Quarterly*, 32(3), PP.447-464.

Green, T.F. (1971). The Activities of Teachers New York, NY: Mc Graw Hill.

Halliday, M. A. K. (1978). Language as Social Semiotic: The Social Interpretation of Language and Meaning. Maryland. University Park Press.

Hanks, W.F. (1991). Prefácio. Em J. Lave e E. Wenger (Eds) , Situated learning : *Legitimate peripheral participation* . Pp.13-24. Cambridge, Reino Unido: Cambridge University Press.

Hatip, F. (2005) . Task - based Language Learning Disponível em linha em http://www.yds.ylidiz.edu.tr/uddo/belgeler/inca-FundaHatip-TBL.htm, acedido em 25 de maio de 2010.

Hedge, T. (2000) . Teaching and Learning in the Language Classroom (Ensino e aprendizagem na sala de aula de línguas). Oxford : Oxford University Press.

Higgs, T., & Clifford, R. (1982). O impulso para a comunicação. Em T. Higgs (ed.), *Curriculum, Competence and the foreign language teacher*. Skokie, IL: National Textbook. PP.75-79.

Hinkle, E. (2003). Simplicidade sem elegância: Features of Sentences in L2 and L1 Academic Texts. TESOL Quarterly, 37, PP.275-301.

Hinkle, E. (2006). Perspectivas actuais sobre o ensino das quatro competências. *TESOL Quarterly*, 40, PP.109-128.

Hismanoglu, M., & Hismanoghlu, S. (2011). Ciências Sociais e Comportamentais. *Procedia* (15), PP.46-52.

Honeyfield, J.G. (1987). Word Frequency and the Importance of Context in Vocabulary Learning (Frequência de palavras e a importância do contexto na aprendizagem de vocabulário).

Hymes, Dell, ed. (1971). Pidginization and Creolization of languages. Cambridge: Cambridge University Press. Johnson (Eds), The Communicative approach to language Teaching. PP. 117-121, Oxford. Oxford University Press.

Johnson, D. W., Johnson, R.T., & Holubec, E.J.(1986). Círculos de Aprendizagem: Cooperation in the Classroom. Edina, MN: Interaction Book Company.

Johnson, K.E. (1994) The Emerging Beliefs and Instructional Practices of Pre service ESL teachers.

King, R. (1996). Implementação de um curso básico universitário integrado de leitura/escrita: Lesson in Complexity. Dissertação de doutoramento não publicada, Escola Superior de Educação, Universidade de Nova Iorque.

krashen, S. (1982). Principles and Practice in Second Language Acquisition. Oxford: Pergamon.

krashen, S. (1985). The Input Hypothesis. Beverly Hills, CA: Laredo Publishing Company.

Krashen, S.D., & Terrell, T.D. (1983). The Natural Approach. Oxford: Pergamon / Alemany.

Kumagai, N. (2010). Foco na Forma: Uma investigação sobre o efeito do ensino de "Inglês I" com base na abordagem Focus on Form numa escola secundária japonesa. Um mestrado.

Lake, K. (1994) currículo integrado. Recuperado em: 23 de abril de 2008. De http://www.nwrel.Org/scpd/sirs/8/c016.html

Larsen-Freeman, D. (1986). *Techniques and Principles in Language teaching (Técnicas e princípios no ensino de línguas*). Oxford: Oxford University Press.

Larsen-Freeman, D & Long, M. (1991). *An Introduction to Second Language Acquisition Research.* Nova Iorque, NY: Longman.

Laufer, B., Nation, P. (1995). Vocabulary Size and Use: Lexical Richness in L2 Written Production. Applied Linguistics, 16, Pp.307-322.

Lee. S.H. (2008). Para além da avaliação da leitura e da proficiência: O procedimento de cloze racional como estímulo para o ensino integrado de leitura, escrita e vocabulário e para a interação professor-aluno em ESL. Sistema 36.PP. 642-660.

Lee man, J., Arteagoitia, I., Fridman, B., & Doughty, C. (1995). Atenção integrada à forma com significado: Focus on Form in Content - based Spanish instruction. Em R. Schmidt (Ed.), *Attention and awareness in foreign language learning*. Pp.217- 258.Honolulu, Hawaii: Universidade do Havai, Centro de Ensino de Segunda Língua e Currículo.

Lightbown, P. M., & Spada, N. (1993). *How languages are learned.* Oxford: Oxford University Press.

Lindsay, C. & Knight, P. (2007). Aprender e ensinar inglês: Um curso para professores. 11(4). Oxford, Reino Unido: Oxford University Press. Pp.ix+188.London: n Longman.

Long, M. (1991). Foco na forma: A Design Feature in Language Teaching Methodology. In K. de Bot, R. Ginsberg, and C. Kramsch (eds.), *foreign language research in cross - cultural perspective*. Amesterdão: John Benjamins , Pp.39-52.

Long, M.(1996) . The Role of the Linguistic Environment in Second Language Acquisition (O papel do ambiente linguístico na aquisição de uma segunda língua). Em W. C. Ritchie& T. K. Bhatia (Eds.), *Handbook of second language acquisition.* Pp.413-468. New York: Academic Press

Long, M.H. (1988). Instructed inter language Development. Em L. Beebe (Ed.), Issues in second language acquisition: *Perspetiva múltipla*. 115-141. Rowely, MA: Newbury House.

Long, M.H., & Porter, P.A. (1985). Group Work, Inter language Talk, and Second Language Acquisition. *TESOL Quarterly*, 18.Pp.207-227.

Long, M.H., Robinson, P. (1998). Foco na Teoria, Investigação e Prática da Forma. In: Doughty, C., Williams, J. (EDS.), Pp.15-41. Conferência da Associação Matemática dos Colégios de Dois Anos, Chicago (9-12 de novembro).

McDonough, J. & Shaw, C. (2003). Materiais e Métodos em ELT: Um Guia para Professores.

Millard, D.J. (2000). Form - Focused Instruction in Communicative Language Teaching: Implications for Grammar Textbooks. *TESL CANADA JOURNA U REVUE TEST DU CANADA*. 18, (1) .Pp.47-57.

Ministério da Educação (2004). Estratégias eficazes de literacia nos anos 9 a 13: um guia para professores. Wellington: Learning Media.

Mohan, B. (1986). Language and Content. Reading MA: Addison Wesley.

Muranoi , H.(2000). Foco na forma através da melhoria da interação: Integrando a Instrução Formal numa Tarefa Comunicativa numa Sala de Aula de EFL. *Language Learning* .50(4).PP.617-673.

Nabizadeh, M.J. & Adel, M.A. (novembro, 2011). The Importance of Whole Language Approach in Teaching English to Intermediate Iranian EFL Learners. Teoria e Prática em Estudos Linguísticos, 11(1) , Pp.1643-1654.

Nassaji, H. (1999). Para integrar a instrução centrada na forma e a interação comunicativa na sala de aula de segunda língua: Algumas possibilidades pedagógicas. *The Canadian Modern Language Review*, 55(3). Pp.385-402.

Nunan , D.(1989) . Designing Tasks for the Communicative Classroom (Conceber tarefas para a sala de aula comunicativa). Cambridge: Cambridge University Press.

Nunan, D. (1992b). O professor como marcador de decisões. Em J. Flower dew, M. Brock &
S. Hsia (Eds.), *Perspectives on second language teacher education*. Pp.135-165.Hongkong, SAR: City Polytechnic.

O'Day, P. (2002). Ler enquanto se ouve: Aumentar o acesso à impressão através da utilização de livros áudio. Dissertação de doutoramento não publicada, Boston College, Lynch Graduate School of Education. Dissertação de doutoramento não publicada, Boston College, Lynch Graduate School of Education.

Oxford, R. (1990). Estratégias de aprendizagem de línguas: What Every Teacher Should Know. Boston, MA: Heinle & Heinle.

Oxford, R. (2001). Competências integradas na sala de aula de ESL/EFL (ERIC Digest. ED456670).

Oxford, R.L., & Leaver, B.L. (1996). A Synthesis of Strategy Instruction for languages learners In R.L. Oxford (Ed). Language learning strategies around the world: Cross-cultural perspectives (13), Pp.227-246. Honolulu, HI: University of Hawaii Press.

Peregoy, S. F., & Boyle, O. F. (2001). Reading Writing and Learning in ESL. Nova Iorque: Addison Wesley Longman.

Pica, T. (1994) . Investigação sobre negociação: O que é que ela revela sobre as condições, processos e resultados da aprendizagem de uma segunda língua? *Language Learning*, 44(3), PP.493527.

Prabhu, N. (1987). Second Language Pedagogy. Oxford: Oxford University Press.

Richards, J. C. & Rodgers, S.T. (2001). Approaches and Methods in Language Teaching. Cambridge University Press.

Richards, J. C. & Schmidt, R.W. (2010) . Longman Dictionary of Language Teaching and Applied Linguistics .4ª edição. ISBN - 10: 1408204606.

Richards, J. C. (2002). Precisão e fluência visitadas. Em E. Hinkle, & S. Fotos (Eds). *Novas perspectivas sobre o ensino da gramática em salas de aula de segunda língua*. PP.35-50. Mahwah, NJ: Lawrence Erlbaum Associates.

Richards, J., Platt, T., & Weber, H. (1985) . Um Dicionário de Linguística Aplicada Richards, J.C. (Eds). Methodology in TESOL: A Book of Readings. Harper & Row, editores, Pp.318-324.

Saeidi , M., Zaferanieh , E., & Shately , H.(2012) .On the Effects of Focus on Form , Focus on Meaning , and Focus on Forms on Learners' Vocabulary Learning in ESP Context.

ELT.5 (10), PP.72-79.

Savignin, S.J., (1991). Communicative Language Teaching: State of the art: *TESOL Quarterly*, 25.Pp.261-277.

Scarcella, R., & Oxford, R. (1992). The Tapestry of language learning: The Invalidly in the Communicative Classroom. Boston: Heinle & Heinle.

Sechlaui, A.S. (2001). Enfrentando o desafio do ensino e da aprendizagem da leitura no EFL: Para além da linguagem da crítica. *Reading in a Foreign Language Journal*, 13(2) , PP.53- 64.

Siok H. Lee (2008) . Para além da avaliação da leitura e da proficiência: The Rational Cloze Procedure as Stimulus for Integrated Reading, Writing, and Vocabulary Instruction and Teacher - student Interaction in ESLT - based Language Teaching : what every EFL teacher should do. Pp. 642-660.

Slavin, R.E. (1990). Research on Cooperative Learning: Consensus and Controversy. Educational Leadership, 47 (4), PP.52-54.

Smith, B.D. (1996). Teacher Decision Making in the Adult ESL Classroom (Tomada de decisão do professor na sala de aula de ESL para adultos). Em D. Freeman & J.C. Richards (Eds). *Teacher learning in language teaching.* PP.197216. Cambridge, Reino Unido: Cambridge University Press.

Stem, H.H., (1992). *Issues and Options in Language Teaching*. Oxford: Oxford University Press.

Swan, M. (2005). Legislação por hipótese: The case of task - based instruction. *Applied Linguistics*, 26(3), PP.376-401

Tsung - Yuan, H, & Oxford, R. (2002). Comparing Theories of language learning Strategies: A Confirmatory Fator Analysis. *The Modern Language Journal*, 86(3), PP.368-383.

Van EK, J.A (1975). O nível de limiar. Strasborg: Conselho da Europa (Reper. 1980. Oxford: Pergamon Press).

Van Patten, B. (1996). Input Processing and Grammar Instruction in Second Language Acquisition. Norwood, NJ: Ablex.

Vanpatten, B., & Oikkenon, S. (1996). Explanation vs. Structured Input in Processing Instruction. *Studies in Second Language Acquisition,* 18, PP.495-510. http://dx.doi.org/10.1017/S0272263100015394.

Widdowson, H.G. (2003). Defining Issues in English Language Teaching (Questões de definição no ensino da língua inglesa). Oxford, Reino Unido: Oxford University Press.

Widdowson, H.G. (1979). O ensino do inglês como comunicação. Em C. Brumfit & K

Wilkins, D. (1976). *Notional Syllabuses*. Oxford: Oxford University Press.

Williams, J. & Evans, J. (1998). What Kind of Focus and on Which Forms? Em C. Doughty e J. Williams (eds), *Focus on form in classroom second language acquisition*. Cambridge: Cambridge University Press. PP. 139-155.

Williams, J.(1995). "Focus on Form in Communication Language Teaching: Research Findings and the Classroom Teacher". Revista TESOL. 4, PP.12-16.

Willis, D. & Willis. J. (2007). *Doing Task - based Teaching,* Oxford: Universidade de Oxford Press.

Willis, J. (1996). *A Framework for Task - based Learning*. Harlow: Longman

Apêndices

Apêndice I

Questionário de informações gerais

O objetivo desta parte é obter algumas informações demográficas sobre si.

Preencha as seguintes informações gerais.

1. Idade ...... (Anos)
2. Género : Masculino□ Feminino □
3. Qualificações: BACHARELATO □ MESTRADO□.
4. Anos de experiência de ensino ....
5. Nível escolar ....
6. Área de estudo : ESL / TEFL □ Linguística □ Tradução □ Literatura □

Outros (especificar).

Apêndice II: Percepções dos professores

	Completely agree	Agree	Neutral	Disagree	Completely Disagree
1. The materials provided in an integrative approach are more authentic for the learners in order to facilitate learning					
2. The language focus and activities in an integrative approach are adoptable to personal learning and teaching style or in general appropriate for learners.					
3. In integrative teaching the students focus on form more than forms.					
4. In an integrative approach one skill will build on the other types of skills for example pronunciation work builds on the other works such as listening ,dialogue practices.					
5. In general the students progression is best assumed in the integrative teaching language skills					
6. The students achieve a high level of satisfaction with the integrative teaching rather than segregated teaching					
7. Integrative approach in comparison to segregated approach can develop student knowledge to performs higher education in none – native communities					
8. The materials provided in an integrative approach discuss and identify areas of students needs more that it does in a segregated approach					
9. Integrative teaching in comparison to segregated teaching provides an environment that encourages my students creativity					
10. The students achieve a high level of satisfaction with the integrative teaching rather than segregated teaching approach.					
11. Integrative teaching encourages my students intellectual curiosity					
12. My students have a good sense toward an integrative approach rather than a segregated approach					
13. Segregated approach can be boring for active learners					
14. I fell more comfortable with the integrative teaching rather than segregated teaching language skills					

15. My students experienced a high level of success with the integrative approach rather than segregated approach					
16. Integrative approach provides more opportunities for the learners to respond in groups					
17. In an integrative approach the students achieve a high degree of communication with each other					
18. Integrative teaching provides more activities for communicative interaction and development of communicative strategies					
19. Integrative approach encourages the students to brain storm on ideas					
20. In segregated approach the learners develop speaking and listening more than reading and writing which can motivate learners for more progression					
21. Integrative approach provides more opportunities for the learners to respond in groups					
22. Learners can communication better. If they combine different skills					
23. Integrative activities in comparison to segregated activities emphasize meaning and function over form					

MIX
Papier aus verantwortungsvollen Quellen
Paper from responsible sources
FSC® C105338

Printed by Books on Demand GmbH, Norderstedt / Germany